性の差異

ジュヌヴィエーヴ・フレス＝著
小野ゆり子＝訳

La Différence des Sexes

Geneviève Fraisse

現代企画室

性の差異……………

ジュヌヴィエーヴ・フレス著　小野ゆり子訳

Auteur : Geneviève FRAISSE
Tirer : LA DIFFÉRENCE DES SEXES

目次

この仕事は、一九九〇―一九九一年、高等学術研究所（プリンストン）滞在中、および一九九二年と一九九三年の国際哲学学院におけるセミネールの際に企画された。ミレイユ・デルブラッチオがこの仕事の対話者だった。ここで彼女に感謝の意を表したい。

凡例

一、原書で用いられている符号のうち、論文名と引用語句を示す《　》は、いずれも「　」で表した。同じく著書名を示すイタリック体は『　』で、強調のイタリック体は傍点で、大文字で始まる単語は太字で表してある。以上は原則であって、稀な例外もある。

二、原註と訳註は、見開き頁の奇数頁の左端に記した。★印のものは原註、☆印のものは訳註である。通し番号は「章」ごとに区切った。なお、ごく短い訳註は、文中に〈　〉で囲んで記した。

三、原著の参考文献について、邦訳のある場合はその参考文献の初出の際に邦訳を記し、また引用部分に関しても、邦訳のあるものはそれを記し、該当箇所の頁数を示す。ただし、複数存在するときは実際に参照したもののみを示す。引用がもともとフランス語文献からのものである場合、引用邦訳は参照した邦訳を使用した場合と、文脈上変更したり訳者が新たに訳出した場合がある。既訳を使わせていただいた場合は註にその旨を記す。引用が外国語をフランス語に翻訳したものである場合、邦訳はフランス語から訳者が行なった。そのため、もともとの言語からなされている邦訳とはニュアンスや時には内容の一部が多少ずれている場合がある。

変なアイディア

「ずっと前から女性の長寿は哲学者たちの驚きを引き起こしている。」
バウル夫人、「女性」の項、『家族百科事典』、一八六八年

哲学者たちは驚きから考察を開始し、女性の方は生命のイメージを見せる。男性は驚き、女性は存在する。女性は生命を体現することにより、考察に抵抗するものの表象を提供するのだが、同時に通常あらゆる哲学がそこから考察を練り上げていく経験性をも供給するのである。それでは、女性とは、哲学者がそこから思考を出発させるものなのだろうか。しかし、女性の生命よりは長寿の方が哲学者たちの「驚きを引き起こし」、男女の寿命の差が考察の続きをまずありえないものとする。あたかも思考と生命は対立するかのように。「ずっと前から」という言葉が、西欧の全歴史を通じてどれほどこの驚きが続いてきたかを強調している。この驚きは、性の差異に関する考察へと開かれているのだと今後明らかになりうるだろうか。

これが現在提出されている理論的な賭けである。そして、この賭けの第一の条件は哲学の伝統そのも

のから、性の差異をただの一度も哲学の正式な対象としなかったこの伝統から出発することである。

　この賭けにはゲームの無償性はないだろう、というのも、それは哲学史に呼び出しをかけるにもかかわらず、ひとつの挑発であり続けるだろうから。「女性問題」を検討することは、後に見るように、哲学においては「性の差異」に関する考察ということになるのだが、このことは今日でもなお驚きというよりは疑念を、真の好奇心というよりはある種の侮蔑を引き起こす。ある哲学シンポジウムの際にレストランで交わした会話で、私はひとりの女性哲学者から確定判決めいたものを下された。「性の差異」を考えたいだなんて、「なんて変なアイディア《イデー》」というのだ。さて、変なアイディア-観念《イデー》というのはまさにアイディア-観念《イデー》のうちには入らないものということだ。性の差異は、哲学の対象の天空にはおそらく見出されないのだ。変なアイディア-観念《イデー》というのは、ある意図、思考の厳密で明敏な作業とはほとんど相容れないなんらかの奇異さを隠し持っているのである。

　となると、この賭けは危うい。哲学の伝統も現代人たちも、哲学の領域について開放的な表象は持っていない。諸観念《イデー》は目録に載せられている。変なアイディア-観念《イデー》というのは、異質なもしくは異端の観念《イデー》のことだ。したがって、それが考慮に入れられるためには、それなりの場をこの観念《イデー》に与えなければならず、そうするためにはひとつの方法を提出しなければならない。ひとつの認識が可能となる諸条件を考察し、性の差異について証明されるもの、理論化されるものを、哲学素となりうるものを検討しなければならない。

　前に述べたのと同じレストランでの会話で、だれか今度は男性が、「女性」というのははやりの《ア・ラ・モード》テーマだと指摘した。たしかに女性とモードは特別のきずなで、ほとんど内在的なきずなで結ばれている。女性と服装、女性と外見《アパランス》は明白に結びつく。このことから「女性問題」への関心にメディアの影響のみを見ることまでの距離はほんの一歩しかなく、その一歩を思想の保持者たちは軽々と超えてしまう。これが女性の宿命なのだと結論づけよう。一方では概念領域の外側に存在し、もう一方では、たとえモードに関するものだとしても、想像的なものの表象のライトを浴びているのだと。うまくいけば女性は象徴的表象、正義とか真理などの観念を表す石でできたイメージ、たとえばマリアンヌのような共和国の標章[☆1]として役立つ。概念の外側で表象の内側、女性の認識にはそのような場所が与えられている。そこから出発しなければならない。

したがって、性の差異について哲学的考察の方法を提出する前に、女性の認識に与えられた空間、イメージと表象の空間を探索しなければならない。

「女性はモードに属している＝はやっている《ア・ラ・モード》」という言葉は本来の意味でも、比喩的な意味でも理解しうる。すでに女性はモードの対象《オブジェ・ド・ラ・モード》である。そして女性ははやりもの《オブジェ・ア・ラ・モード》として、非常にメディアに好まれる存在であり、「真の」哲学者にとって安物の哲学を売るための最適のテーマであるという事実と同時に、どのみち女性ははやりの、外見《アパランス》の品物《オブジェ》、商品なのだという事実が理解されるだろう。

☆1　フランス共和国の象徴。マリアンヌという庶民的な名前を持つ女性として擬人化され、市庁舎等にある胸像やコイン、切手の絵柄などの形で、フランスの至る所で見られる。

女性がモードの領域に属するのなら、女性が理論以下の経験性であるということは立証される。女性はこうして決してその外に出てはならなかったはずの空間、美、装飾、装いの空間に追い返されるのである。外見-仮象《アパランス》の場所、真理を探し求めるなどという習わしのない場所。そして、女性が商品なのは、女性がそこで――どこでもそうだが――交換の対象《オブジェ》だからだ。哲学がどんな形で女性を使用するかについては後に見よう。

外見-仮象《アパランス》と真理

性の差異が哲学的な問いかけとならないのは、「女性」が外見-仮象《アパランス》に属すため真理からもっとも遠いところにいるからだ。女性主体は「性の差異」という哲学対象を思考不能にする。外見-仮象《アパランス》と知とを混同し、物質的に視覚に与えられるものと概念的に見うけられるものとを混ぜ合わせ、女性はほとんど解明不可能な混乱を作り出す。女性の思考は装いに従属し、女性の知は装飾となり、美が女性の存在全体を支配する。女性は客体に留まることによってしか主体でない。女性に関しては、客体か主体かをはっきり決めることができない。主体の場と客体の場の間での永遠の地滑りの中に、女性によるあらゆる認識活動と女性に関するあらゆる知が巻き込まれる。

装い――たとえば、ルソーの『ダランベールへの手紙』もしくは『演劇に関する手紙』。この手紙の中で、ルソーは、公的空間と女性の文学的・芸術的・政治的活動との間にある、また社会的に可視的な世界とその世界への女性の参加、参入との間にある緊張関係、さらには矛盾について説明している。彼は、女性の知的実践を否定的な方向で特徴づける。女性は「理性に優雅に服を着せる」ことがようやくできるだけで、「男性の知について物知り」になるのがせいぜいのところだというのである。★2 裸であることが分かっている真理を前にすると、女性の知と理性は、布を、服をまとう、というのも、異性関係は衣服を前提とするからだ。したがって、女性と思考との間には服が不可欠である。そして、思考するという誘惑に駆られた女性において性が可視的に、あまりにも可視的になった場合も、いずれにせよ性は、性を覆う衣服によって、真理への到達の道を塞ぐ。裸体と服のパラドックスというよりは、問題となっているのは、自らを覆う**「性」**のあまりの露さと、裸にならねばならない真理のあまりの秘匿との二者択一なのだ。要するに男性だけがヴェールを剝ぐ作業を行いうる状況にある。真理一般の、とりわけ性の真理のヴェールを剝ぐ作業を行いうる状況にある。性の真理はもちろん見出すのがもっとも困難なものだから。

神秘主義の女性だけが真理への到達の歴史において例外となる。おそらく真理への接近が直接的で、媒介なしだからだ。**神**が聖テレサ☆3において語り、彼女はその言葉を書き写す。★4 この場合、真理は見出さ

★2 J.- J. Rousseau, *Lettre à d'Alembert*, Paris, GF. p. 202, p.116〈『ルソー全集第8巻』、「演劇に関するダランベール氏への手紙」、西川長夫訳、白水社、一九七九年、一二七、六五頁〉

れもしなければ、露にもされない。神秘主義の女性は自分を通して真理を現れさせる、真理に自分を通り抜けさせる。したがって、真理は女性的主体によって邪魔されることがない。

装飾——他のテクストを見てみよう。カントの『美と崇高の感情に関する考察』と『人間学』。この哲学者の見解によると、女性は知と装飾とを混同する。それほど女性は外見《アパランス》-仮象に捕らわれているのである。「学のある女性たちについて言えば、彼女たちは本をほぼ懐中時計のように使う。自分が時計をひとつ持っているということを人に見てもらうために身につけるのだ。通例、その時計は止まっていたり、時間が合っていなかったりするのだが、そんなことはかまわない。[★5]」女性は男性の行動を無意味に繰り返し、猿まねする。女学者は男の猿まねをしているのである。そこで女学者の知は知そのものとは別の役に立つことになる。懐中時計のように、装飾に役立つのである。というのも、懐中時計は時間を測定する道具、時間を支配するための複雑な装置だが、同時に装いに付け加えられる装身具でもあるからだ。そして懐中時計が止まっていたり、狂っていたりして本来の目的からずれているのは、女性が認識の第一条件としての時間の外側にいるからだ。歴史の外側で、自分の実存にとって本質的な生命の時間、若さ、老い、母性、長寿に従属する存在である女性。

こうして、女性は知を身にまとい、知で飾り、おめかしする。しかし、知は男性に属する。そこから、カントにおいて——ほかの哲学者たちにおいてもそうだが——、美と知性の、女性と男性への分割という主張が生じる。美と崇高さの対立のなか、一七六四年のテクストにおいてことは単純である。昼が美しく、夜が崇高であるように、女性は美と結びつき、男性は高貴さと結びつく。こうして、「美しい性〈女性〉は男性と同じほど悟性を持つが、それは美しい悟性であって、我々の悟性は深遠な悟性でなければならない、これは崇高な悟性というのと同じ意味である。★6」

美しい性は美しい悟性を持つ。もしくは女性は美しくて、美しく思考する。女性はこの循環の外には出ないだろう。

美――身体がたえず女性の精神を支配する。そして万が一、精神が優位に立つと、女性は愛に関して破滅する。再びカントである。「骨の折れる研究や気難しい思索に女性が秀でることもありうるが、そのような作業は女性という性に特有の長所を根絶し、希少価値という理由で冷ややかな賛嘆の的になりうるとしても、まさにそのことにより女性は男性にたいへんな力を行使する魅力を弱める。★7」美は、身

☆3 アビラの聖女テレサ（一五一五―一五八二）スペインのカルメル修道会に属する修道女で神秘主義者。『霊魂の城』、『完徳の道』等の著作がある。

★4 Dominique de Courcelles, *Thérèse d'Avila, femme d'écriture et de pouvoir*, Grenoble, Jérôme Millon, 1993.

★5 Kant, *Anthropologie du point du vue pragmatique*, Paris, Gallimard, Édition de la Pléiade, p. 1120〈『カント全集第14巻』「人間学」、山下太郎、坂部恵訳、理想社、一九六六年、二九七頁〉

★6 Kant, *Observations sur le sentiment du beau et du sublime*, Paris, GF, p.122〈『カント全集第3巻』「美と崇高の感情に関する考察」、川戸好武訳、一九六五年、三八頁〉

★7 *Ibid.*〈邦訳、同上、三九頁〉

体と精神の矛盾を成立させるほどにまで女性の本質をなしている。精神を用いることは身体を失うことである。したがって、そんな危険を冒す女性はほとんどいない。[★8]

この点から見ると、ショーペンハウアーは独創的な著述家である。両性の動的な関係の中においてしか、美と知性は男女に分割されないのだ。女性は男性に気に入られるため自然によって装われており、美は理性よりもはるかに気に入られることを保証する。それでも女性は真に美しくはない。「背が低く、肩幅が狭く、腰幅が広くて、足の短いこの性を男性が美しい性と呼んだのは、男性の知性が愛のために曇らされていたからである。実際、女性のあらゆる美は愛の本能の中にあるのだ。女性を美しい性と名づける代わりに、審美的でないと名づけるほうが正しかっただろう。[★9]」ショーペンハウアーは女性の美を疑問に付し、両性の出会いに役立つ一時的手段に還元する。美は、そして愛もまた「種の大義」に奉仕するのであって、それらは種の策略なのである。こう論じながら、彼は伝統的な対立をずらしている。もはや美が知性と対立するのではない。知性は意志と向き合うのである。知性は個々人において生まれ、死ぬ。意志は伝達される。したがって、知性は女性の側にあることになるだろう。以上のことが知性と意志の対立により、また意志がこの著者の哲学の中で演じる根本的な役割により、説明されることについては詳説が必要となるだろう。ここでは、ショーペンハウアーにとって、女性、母は、たとえ知的であれ、精神となりうる以前に破壊を運命づけられている身体なのだということを押さえておこう。

装い、装飾、美は、服の着用、おしゃれへの嗜好、誘惑の重要性として現れ、女性に真理への到達を禁じる。そのうえ、真理が女性であり、真理を知るためにはそれを裸にしなければならないために真理への到達はいっそうありえないものとなる。女性と真理が、よく見られるように哲学の伝統において重なり合っているのは、ごまかしに役立つため、ひとりの女性の、また女性というものの外見-仮象《アパランス》と本質の間の横滑りに役立つためなのだ。「性の差異」という対象はこのような諸表象からは程遠いもののように思われる。実際、それは哲学空間においては問題の多いものだ。逆に、男性という性に属する人間は初めから思考の実践に専念するための位置についている。男性は、外見-仮象《アパランス》から自らを解放し、本質の探求に着手する術を心得ているのである。

本書は「変なアイディア」に始まり、より刺激的ないくつかのアイディアともに終わりたいと望んでいる。女性に割り当てられた変なアイディアと外見-仮象《アパランス》の陰で、哲学の伝統は性の差異の考察にふたつの入り口を与えている。愛というのは哲学の重要な対象、両性について多くの発言が通過する考察の場である。エロスと欲望、身体と思考もまた哲学的作業の基軸のひとつである。これらのふたつのテーマが最初の二章の対象となる。

これらの古典的テーマを通過して、実際に哲学に性の差異が存在することをまず明らかにした後で、いくつかの作業仮説とともに新たな出発が可能になる。思考可能性の隠された原理としての性の差異と

★8 こう考えるのはカントのみではない。次の文献を参照のこと。Geneviève Fraisse, *Muse de la raison, la démocratie exclusive et la différence des sexes*, Aix-en-Provence, Alinéa, 1989; Paris, Gallimard, «Folio», 1995.

★9 Schopenhauer, *Essai sur les femmes*, Arles, Actes Sud, p.28〈邦訳、『ショーペンハウアー全集14』、「女について」、秋山英夫訳、白水社、一九七三年、二五八頁〉

いう仮説、思考の交換手段としての性の差異という仮説、そして差異の歴史性という仮説である。第三章と第四章で述べるこれらの仮説は哲学的提唱である。

その後に続く章は、歴史性という主張を検証するためのふたつの方向を示している。ひとつは歴史的断絶という概念を通じてのものであり、もうひとつは現代の哲学者の明敏さを展望すること、性の差異に関する問いかけが引き起す問題を彼らが認識していることを展望することによるものである。最終章では、差異を他者性として捉え直し、主体と客体という用語による両性の他者性についての思考が必要であるという結論に至る。差異の歴史性は、主体と客体というふたつの立場が極度に流動的であることを明らかにし、そうすることで哲学の歴史自体に新たな視線を投じることを可能にするのである。

愛

哲学のそもそもの始まりから、愛は哲学素である。愛は性とエロスの関与する問いかけを含んではいるものの、愛を、可能性としての哲学素である「性の差異」と同一視することはできない。愛は哲学的探求に役立ち、哲学が両性の問題に興味を抱いていることの証拠となる。要するに哲学が性的差異に貫かれていることを示している。「愛は性的に差異化された《セクシュエ》知の場なのだろうか」とは、最近、シンポジウム「知の実践と性の差異」[★1]の際に、アラン・バディウが表明した問いである。今日では、哲学において愛と性の差異とを結びつける（もしくは改めて結びつける）ことが可能なのだ。

愛という概念はプラトンの『饗宴』で述べられている。それをバディウのテクストはこう証言している。「したがって、ここで〝愛〟という言葉は哲学のカテゴリーとして構築されることになるだろう。このことは、プラトンのエロスの位置づけに見られるように、始まりを告げるものである。[★2]」始まりを告げるとしても、伝統の中で行われうる分析に関していえば、確実なものではない。愛は、どんな時代にも明白な哲学素なのではなく、哲学のいくつかの時期には消え去ってしまいさえするのである。もしくはまるでラディカルな発明であるかのように突然再び現れたりするのである。デカルトとショーペンハウアーとのふたつの例を挙げよう。また中世に関して注釈しよう。

愛に関する手紙と呼ばれる一六四七年二月一日シャニュ宛ての手紙で、デカルトは、私たちの誕生以前から働いており、私たちの生の開始とともに他の身体的配置と混じり合う、喜びと悲しみ、愛と憎しみという四つの情念を思い起こし、こうまとめる。というのも彼はあまり長くなりすぎるのを懸念しているので。「私はただ次のことをいうにとどめておきます。すなわち、われわれの幼時の、これら混乱した感覚が、われわれがみずからの愛に値すると判断するところのものに向ける愛の基礎にある理性的思考に、どこまでも結合しているので、愛の本性は、われわれにとって認識しがたくなっている、ということであります。そしてさらにつけ加えて申しますが、〝愛〟以外の多くの情念、すなわち〝喜び〟や〝悲しみ〟や〝欲望〟や〝懸念〟や〝希望〟などが、さまざまなしかたで〝愛〟に混じて、愛がもともとなんであるかを認めがたくしているのであります。(…)しかし、愛という情念に属するすべてを論ずるには、大きな書物を書かねばなりますまい。しかも、愛の本性は、われわれをしてできるかぎり自己を他に伝えさせることであり、ここでも愛は私に自分の確かに知っている以上のことまで申しあげようとする気持を起こさせますが、手紙が長くなって退屈なさるかと思われますので、それは控えておくことにいたします。[☆3]」はっきり言えば、愛は、デカルトを逆説的状況に追い込むのである。多くを語る、語りすぎる、しかし長くなりすぎるという危険を孕む、迷惑になるのではと心配しているのにもかかわらずおしゃべりに身を委ねてしまうという危険を孕む、という逆説的な状況に。その結果、彼は次の問題、**神**への愛という問題へと移行する。こうしてデカルトは、人間同士の愛という問題に固有の困難さを強調し、文通相手を満たされないままにしておく。**神**への愛について論じる際は、彼は一見して、より容易に問題を解決するのだが。「しかしながら、哲学者というものは、同一の定義をもつところの多くのものに、ちがった名を与えるという習慣をもたないのであり、愛の定義としては、ある対象にわれわれみずからの意志により、われわれを合一させるところの情念、という定義が一つあるだけで、その対象がわれわれと対等のものであるか、より大きいものであるか、より小さいものであるかを区別しないのでありますから、もし哲学者のことばを語るのならば、〃われわれは神を愛しうる〃と当然いうべきであると思います。[☆4]」**神**への愛は、人間同士の愛より明晰な哲学的事象である。**神**への愛は、そこから出発して愛全般が思考可能になるものである。それはきわめて抽象的な愛全般の第一の定義である。

ショーペンハウアーの立場は、人間の愛に関して、奇妙なことに、より平静さを示しており、まずらしが可能であるという意識をより多く示している。とりわけ彼は愛が哲学者にとって「新しい素材」であると告げることで、哲学の歴史における断絶を確認している。「あらゆる詩人に恒常的なものであるこのテーマを、哲学者が珍しくも取り上げたと驚くのではなく、むしろ普通は人間の生活の中であれ

★1 *L'exercice du savoir et la différence des sexes*, Paris, L'Harmattan, 1991 所収。
★2 *Op. cit.*, p.100.
☆3 *Œuvres de Descartes*, publiées par Charles Adam & Paul Tannery, t.IV, J. Vrin, 1972, pp.606-607〈邦訳、『世界の名著22 デカルト』、野田又夫訳、中央公論社、一九六七年、五四五-五四六頁〉この邦訳を使用させていただいた。
☆4 同上、pp.610-611〈原文にごくわずかな違いがある〉〈邦訳、同上、五四九頁〉この邦訳を使用させていただいた。

ほど注目すべき役割を演じるこの事柄が、いわばこれまで一度も哲学者たちによって考慮の対象とされなかったことに、またいまだ誰も論じていない素材として我々の前に現れていることに、驚くべきなのだ。[★5]」彼はとりわけプラトンとルソーとカントを挙げ、彼らを不完全で、不十分で、表面的だと判断し、スピノザを素朴と見なし、こう結論する。「したがって、私は、私の先達たちの助けを借りる必要も、彼らに反駁する必要もない。この主題は、私にとって客観的に重要なものとして立ち現れたのであり、私なりの世界の概念化という文脈の中に自ら入ってきたのだ。[☆6]」実際、愛というテーマはショーペンハウアーの哲学において中心的なものであり、彼の形而上学の本質的な作用素である。こういった観点から見て、彼には先達たちを注釈する必要はない。彼は彼らの名を挙げ、彼らの限界に、それぞれの哲学空間における愛という主題の周辺性に言及するだけにしておく。

しかし、彼のかなり率直な断言は他の注釈を必要とする。すなわち、一九世紀の哲学者である彼は、性の差異を哲学の論証に、まさに形而上学へのとどめの一撃に用いるという哲学の動きに、そうとは知らぬまま寄与しているのである。そして、この運動は一八〇〇年前後、「サドとフーリエ」とともに、哲学的な形で、また哲学外の、文学的政治的な形で始まっている。二〇世紀がこのことを忘れていること、もしくは歴史から遠ざけていることは、ここでその分析まではできないが、強調されていい。一例を挙げよう。一九世紀の諸哲学における愛の重要性は、オーギュスト・コントの次のモットーによって証明される。「愛を原理とし、秩序を基礎とし、進歩を目的とす」。後世の人々が最初の言葉、愛を消して、「秩序と進歩」だけを残したことに留意しよう。驚くべきことだ。愛という哲学素はたしかに哲学に存在しはするが、常に歓迎されるわけではないのである。

デカルトにとって愛とは知るのが困難なものであり、ショーペンハウアーにとって愛とは自分の哲学の本質的要素である。プラトンおよび古代の愛と一八〇〇年の転換期との間に何も起こらなかったという感覚をショーペンハウアーは抱いている。しかし実際は、この時期は、神学的であると同時に哲学的な長い物語に、**エロス**と**アガペー**の、プラトン的愛とキリスト教的愛の物語に満たされているのである。ふたつの形の欲望があるためにすべてが錯綜してしまう、と前に挙げた手紙の中でデカルトは語っている。「この点は特に〝欲望〟について著しく認められます。というのは、人々は普通に〝欲望〟を〝愛〟であると解し、その結果、二種の愛を区別するにいたっているからであります。すなわち、一つは〝善意の愛〟とよばれるもので、ここでは欲望はあまり目だっていません。もう一つは〝欲望の愛〟とよばれ、これは非常に激しい〝欲望〟にほかならず、それの基礎にある〝愛〟そのものは、多くの場合弱いものであります。[☆7]」こうして、デカルトの混乱と当惑が、長くなるかもしれないと言いながら短くしたことの理由であることが分かる。彼は、愛と欲望の一般的な混同を強調し、愛はふたつの異なる物事を

★5 Schopenhauer, *Métaphysique de l'amour, métaphysique de la mort*, Paris, 10/18, pp.39-40〈邦訳、『ショーペンハウアー全集7』、「性愛の形而上学」、塩屋竹男訳、白水社、一九七四年、一一五頁〉
☆6 同上。
☆7 René Descartes,《A Chanut, 1er fevrier 1946》, *op. cit.*,p606〈邦訳、既出、五四五頁〉この邦訳を使用させていただいた。

指し示していると注意を促して弁明するのである。要するに、愛と欲望が混同されているのだ。そこで、こうした**アガペー**と**エロス**の区別の不在がこれ以後デカルトにとって当惑の元となる。どうしてこのような混成物が可能だというのか。

このような驚きによって、デカルトはひとつの時代の終焉を印している。アンダース・ニーグレンにより『エロスとアガペー』[★8]の中で描き出された時代、一六世紀の宗教改革まで続く時代、**アガペー**というキリスト教的観念と**エロス**というギリシャ的観念がキリスト教思想の中で調和し結びついたり、対立し矛盾したりした時代である。アンダース・ニーグレンはためらうことなくこれらふたつの観念、愛のふたつの「原動力」の「敵対関係」について語る。この敵対関係に、宗教改革は終わりを告げ、「愛」という言葉の意味を増殖させたのである。これらふたつの観念はたしかにプラトンと聖パウロという異なるふたつの源泉を持っていたのだが、ふたつの源泉は教父たち以来キリスト教思想において混じり合い、それがルターまで続いた。もっとも、混じり合うというのは誤った言葉である。というのも、**エロス**と**アガペー**は同じ平面には位置しないのだから。「**アガペー**という概念は原理として分類されえた。というのも、それはキリスト教といったひとつの新しい具体的な構築物の原動力だからだ。**エロス**はそうではなく（…）、その位置はこの概念が入れられているシステムとともに変化する。[★9]」**アガペー**はキリスト教の創設において基礎となる、独立した概念であるが、**エロス**はキリスト教にも他の場所にも至る所に見出されるのであり、**アガペー**が落ち着いているのに対して、エロスは溢れ出ようとする。それではいったいこのふたつの概念にどんな共通点があるというのだろうか。「対立的であるにもかかわらず類義的な」答えをもたらすことである。「**エロス**と**アガペー**は双方とも人間と聖なるものとの間にある関係を表明しようとする。双方ともが人間の生活に積極的に介入する。[★10]」したがって、愛は**神**と隣人を、形而上学の**神**と宗教の**神**を、また具体的な他者への愛と抽象的な他者への愛を混ぜ合わせるのである。中世の思考における錯綜は想像がつくというものだ。たとえ男女の差異に言及されず、それが暗示されてさえいなくとも、愛が性的に差異化《セクシュエ》されてさえいなくとも。ショーペンハウアーが主張したこととは反対に、プラトンとルソーとの間では何かが起こっていたのであり、愛という概念が重要な鍵となるあの神学の時期があったのである。

いったい、両性の問題が古代末期と中世の哲学に不在だったなどとどうして主張することができるだろうか。アウグスチヌスとトマス・アキナスの存在がその逆を示しているではないか。アウグスチヌスは愛を思想のまさに中心に置く人物、**カリタス**という言葉を用いてもっともうまく**エロス**と**アガペー**の総合を実現している人物であると、アンダース・ニーグレンは語っている。**カリタス**とは、**エロス**が**アガペー**の優位にある混成物を指し、「欲望する愛」を意味するもので、ハンナ・アレントは、慈悲と渇望

★8 Anders Nygren, *Éros et Agapè*, Paris, Aubier, 1944〈邦訳、アンダース・ニーグレン、『アガペーとエロース』、岸千年、大内弘助訳、新教出版社、一九九五年（新装版）〉。各著者により、エロス、アガペー、タナトス、カリタスには大文字が使われたり使われなかったりする。私たちは大文字で統一した。

★9 *Op. cit.*, t.1, p.42-43〈邦訳一八頁。しかし、仏訳とかなりのずれが見られる〉

★10 *Op. cit.*, t.1, p.233〈邦訳一八八頁。しかし、仏訳とかなりのずれが見られる〉

とも語っている。[11] アウグスチヌスはあらゆる形態の欲望を知っている。**神**への愛から「肉の束縛」まで。肉と官能は他性との関係を呼び起こす、いやむしろ呼び起こさない、差し向けられる先が性そのものというよりは身体なので。トマス・アキナスはといえば、欲望と友情を対立させる。これは**エロス**と**アガペー**を捉え直すもうひとつのやり方であり、友情が人間‐男性《オム》の問題であるために、性の差異を回避するもうひとつのやり方である。回避という言葉は強い言葉だが、それというのも、本質と存在、恩寵と救済といったカテゴリーや魂についての多様な定義は、両性の等価性と女性の従属について多くのバリエーションを可能にするものだからだ。[12]

　実際には、性との関わりは他の場所で、規範的言説の中で生起する。中世の思想家たちは性の差異について古典主義の時代や近代の多くの哲学者たちより雄弁なのである。だが彼らは主としてその自然本性を説明し、性関係の規則を定めるのだ。彼らは神学者でないとすれば、自然学者、博物学者、法学者である。[13] 近代の哲学者がもはやそうではない職業の人々である。形而上学的に真なるものや現世の規範が哲学への彼らの係わり方をずらし、彼らの発言全体を独自のやり方で色づけている。しかし哲学者であると同時に神学者でもあるので、彼らは彼ら以前にも彼ら以後にもないほど自分自身の身体という問題を、自分の性とセクシュアリティの問題を取り上げている。思想家の童貞、禁欲、独身生活、結婚が中世においては恒常的に議論の糧となっているのである。[14] これについては次の章で再び取り上げることにしよう。ここから逆説が生じる。哲学においてもっともキリスト教的な時期が、もっとも多く哲学者の性にこだわったようなのである。

宗教改革が哲学のこのような状況に終止符を打ち、宗教はふたつの教会に分かれ、最初に詩が、次いで哲学が別の形で**エロス**の歴史とプラトン崇拝とを再び取り上げる。**カリタス**の下に埋められていた**エロス**と**アガペー**の概念が再び表面に浮かび上がり、以前にもまして分離するのだとアンダース・ニーグレンは主張する。すなわち、ルネッサンスは**エロス**を復興し、宗教改革は**アガペー**を再び取り上げる。マルシーリオ・フィチーノ[☆15]が、『「饗宴」注解』をもってこの転換点を示している。この書において、愛はスコラ哲学の中世の間中隠されていた異教的な位置、哲学的な位置を取り戻すのである。[★16]

このように神学的思考の外側で再びプラトンを取り上げるということがまず起こった後、デカルトが、

★11 Hannah Arendt, *Le concept d'amour chez Augustin*, 1929, Paris, Deux Temps-Tierce, 1991.

★12 たとえば次の文献を参照のこと。Kari Élisabeth Börresen, *Subordination et équivalence. Nature et rôle de la femme d'après Augustin et Thomas d'Aquin*, Oslo et Paris, Mame, 1968, Catherine Capelle, *Thomas d'Aquin féministe ?*, Paris, Vrin, 1982.

★13 Cf. *Hitoire des femmes en Occident*, sous la direction de Georges Duby et Michelle Perrot, Paris, Plon, 1991, t. 2 : *Le Moyen Age*, sous la direction de Christiane Klapisch-Zuber〈邦訳、『女の歴史II　中世1』、『女の歴史II　中世2』、杉村和子、志賀亮一監訳、藤原書店、一九九四年〉

★14 Cf. Alain de Libera, *Penser au Moyen Age*, Paris, Le Seuil, 1991, chap. 6:«Sexe et loisir»〈邦訳、アラン・ド・リベラ、『中世知識人の肖像』、安部一智、永野潤訳、新評論、一九九四年〉

☆15 イタリア・ルネッサンス期の哲学者（一四三三―一四九九）

★16 Cf. Ian Maclean, *The Renaissance Notion of Woman, a study in the fortunes of scholasticism and medical science in European intellectual life*, Cambridge University Press, 1980, p.24-25.

次いでとりわけスピノザが、魂の情念としての愛に関する思想に着手するのである。と、これら魂の情念は完全に考察の領域を変える。というのも、情念は規範的空間を変化させるからだ。宇宙的または社会的規範の外側で、主観的言説が準備されるのである。自分自身の規範は自分の内部で作り上げる、個人の言説が。

こうして、あらゆる哲学の対象にとってと同様、愛という哲学素にとっても非常に重要な時期が訪れる。こうして、私たちの哲学史に断絶の瞬間が印される。愛というこの対象と「性の差異」の問題との近接性について言えば、それは自己と**神**、自己と他者という愛の二元性、二重の差異の認識以上には進まない。愛という哲学素は性の二元性の存在の証拠となりはするが、肉体を、身体と精神の二元性を指し示す以外は、ほとんどそれにかかずらわない。性の二元性の存在は、その哲学的機能において、すなわち性の差異の認識もしくはこの差異の概念的道具化において理解されるべく残されたままである。

いまや、哲学的テクストにおける性の差異の不在という景色はニュアンスに富んだものとして現れる。一方には、両性の関係を表象しうる、いずれにせよ包含する**愛**があり、他方には、身体の(自然本性的かつ医学的な)物理的真理と、形而上学的、神的真理があって、性の現実を規定している。人間や社会の現実の原因も目的も、表明された諸真理によって与えられている。その哲学的帰結は、事後的に、冷ややかな関心しか呼び起こさない。生物学的、医学的知識の状況と家父長制社会の状況とが哲学的発言を社会学的相対主義で覆ってしまうのである。歴史が多くのことを説明するというわけだ。性の差異に関する哲学者たちの発言が引き起こす哲学外の判断については後に再び触れることにしよう。たいていの場合、哲学者たちの女性嫌悪を大目に見るために、彼らの発言は歴史的文脈の中に置かれ、彼らは時代の偏見の犠牲者なのだと宣言される。ここで、中世のテクストについては、問題は別だ。医学的、司法的、自然学的、社会的規範に関する言説は根本的に哲学的テクストと交じり合っているのである。他の時代では、混交はそれほど本質的ではでない。

エロスと哲学者

愛は哲学素、哲学の対象である。そして愛は哲学のまさに根源にある。古代哲学を、プラトン哲学をなおざりにしたり、アリストテレスのほうを思い出したりして、時にはそのことを忘れている人々もいるが。プラトンは哲学的活動を**エロス**なしには考えない。そこから再出発しなければならない。『饗宴』の中で、ディオティマは、愛と哲学が、所有であると同時に非所有でもあるあの欲望をどれほど共有しているか（204）、いかにして哲学者がなによりも真理の愛人であるのか、語っている。もう少し先の部分で（208-209）、愛人は、女性のように身体によってではなく、「精神によって生殖力を持ち」、言説の出産に至る。哲学は**エロス**とともに生まれ、真理への欲望が哲学者を作る。このことは性による分割なしにではない。男性の哲学者が、イメージと隠喩によって妊娠と出産という女性の活動を我が物とするのは、一方が他方の言説を我が物とするディオティマとソクラテスの間における、また『パイドロス』が語る様々な狂気の間における最初の差異化の二次的段階にすぎない。『パイドロス』で、プラトンは「最大の善の源」（244b）である四つの聖なる狂気を区別している。すなわち、彼は、デルポイの巫女たち、ドドネの聖女たち、シビュラたち、ムゥサたちの狂気を、もう少し後の方で狂気の源の神々によって分類し、予言者たち（アポロン）や、秘儀を伝授された人々（ディオニュソス）や、詩人たち（ムゥサ）の霊感は哲学的狂気（アプロディテとエロス）と対立すると言う。「真理への愛の情念」は最良の霊感なのである（265c）。しかし、女性の狂気は男性の狂気の質には到達しない。それはある種の真理には到達するのだが、真理そのものには到達しないのである。したがって、哲学的人間に対して次のような多くの美点が要求されても驚くにはあたるまい。「本来的に、記憶力、早い習得力、高邁な見解、気品を持つ人間で、真理、正義、男らしさ、節制の友であり、親類である」（487a）。男らしさ（virilité）。ピエール・パシェによるもの以外の翻訳では、勇敢さ（brevoure）、勇気（courage）とされている。勇気と男らしさの両方ということだろうか。然り。アンドレイア（andreia）[1]〈男性であること、勇気〉である。

霊感を受けた哲学者は霊感を受けた女性とは区別される。哲学者とは男らしい愛人なのだ。哲学は男性の仕事だが、**エロス**と女性的なものが、霊感や妊娠として、消え去ることはない。ニコル・ロローがいみじくも語っているように、ギリシャの男性は女性的なものを我が物としながら、現実の女性たちを締め出す。これはさらにうまく締め出すことを可能にする支配の作業である。そして哲学者が中心にいる。「プラトンの戦略は込み入っており、絶え間ない揺れ動きの中で、いくつかのテクストにおいては

★1 ピエール・パシェの翻訳はGallimard,《Folio》, 1993〈邦訳『プラトン全集11』、「国家」、田中美知太郎、藤沢令夫訳、岩波書店、一九七六年、四二六頁〉

女性的なものを哲学するアネール（anêr）〈男性〉の内に懸命に吸収しようとするが、その一方、いくつかの対話篇においては、その全体を通じて、女性の締め出しと両性の厳格な区別を含む政治的なものの諸表象全体を男性哲学者のために流用しようとの努力がなされているのである。」★2

哲学者は男性であり、愛人である。しかしながら彼は自分の身体から離れなければならない。それが『パイドン』の教えのひとつである。自分の身体から、つまりは男性のものである自分の身体から、そして感覚的な形態である身体をやはり常に貫いている**エロス**からも離れること。こうしてプラトンは、哲学者**エロス**という伝統の傍らに、身体から離れた哲学者、純粋精神というふたつめの伝統を創始する。もちろん男性の純粋精神である。おそらくアリストテレスはこちらの側に組している。「快楽は慎重さに対する障害となる。感じられる快楽がより強ければいっそうそうなる。たとえば性的快楽の中では、それを感じながら、だれも何も思考することなどできない。」★3

ここから、結婚は哲学的活動と相容れず、哲学者は自分の身体にも、性にも、もちろん配偶者にさえ気を逸らされてはならない、という後の考えが生じる。キリスト教と修道士のモデルであるスコラ哲学が、このような哲学者のイメージを作り出したのだと考える人々もいた。たとえばヘーゲルの伝記作者、カール・ローゼンクランツである。「一七世紀と一八世紀の哲学者たちはいまだ独身というスコラ哲学的モデルに従っていた。ブルーノ、カンパネッラ、デカルト、スピノザ、マルブランシュ、ライプニッツ、ヴォルフ、ロック、ヒューム、カント。ドイツでは、カントがこれら独身男性たちの最後の人物となり、結婚に関するこれらの人々の不幸な理論と袂を分かった。フィヒテが結婚した最初の世界的規模の哲学者だった。彼の後では、シェリング、ヘルバルト、クラウス、ワーグナー、トロクスラー、さらにはF.フォン・バーダーのようなカトリック教徒さえいる。[★4]」したがってヘーゲルは結婚するだろうし、そのことは哲学的事件だということになるのである。このヘーゲルの伝記作者は、最初の哲学者であるソクラテス自身が結婚していたことを忘れてしまっていた。彼は哲学者の独身が中世よりずっと前に始まっていたことも無視した。一世紀に、ムソニウス・ルフスが[☆5]、論考『哲学に対する障害としての結婚について』を書いて、まさにこのような主張の過ちを証明している。ミシェル・フーコーが解説しているように、ルフスはこの論考で結婚と哲学の「本質的な帰属関係」を主張し、哲学者の結婚生活に二重の義務を見ているのである。「自分自身に対して、それは普遍的に価値ある形態を自分の生き方に与えるという義務であり、他の人々に対して、それは彼らに人生の模範を与えるという必要性である。[★6]」しかし、彼が、キリスト教以前から当たり前のことになっていたらしい哲学者の独身に反対の陣を張るのに対して、彼自身の弟子であるエピクテトスは逆の姿勢を選ぶ。人類に対する哲学者の義務は家庭の心配事に

★2 Nicole Loraux, *Les expériences de Tirésias, le féminin et l'homme grec*, Paris, Gallimard, 1989, p.21.

★3 Aristote, *Étique à Nicomaque*, liv. VII, 12（邦訳では11）〈邦訳、『アリストテレス全集 13』、「ニコマコス倫理学」加藤信朗訳、岩波書店、一九七三年、二三九頁。

★4 «Le mariage de Hegel, automne 1811», *Le Cahier du Collège international de philosophie*, No.3, 1987,p.65-66.

☆5 ローマのストア派の哲学者［三〇以前－一〇一（〇二）以前］

★6 Michel Foucault, *Le souci de soi. Histoire de la sexualité*, t. 3, Paris, Gallimard, 1984, p.184-185〈邦訳、ミシェル・フーコー、『性の歴史III 自己への配慮』、田村俶訳、新潮社、一九八七年、二〇五-二〇六頁〉

邪魔されるわけにはいかないというのである。それでも、もしも人類が賢人たちの共同体へと到達したなら、その時は結婚が可能になる。というのも、そうなれば哲学者は自分自身と同じような人々と係わり合うことになるのだから。

それでも禁欲と独身、性生活と結婚生活の間の横滑りが間違いの源であることに変わりはない。禁欲なしの独身も、結婚なしの性生活ももちろんありうるのである。これについて、キリスト教は物事を詳細に区別するのに長けている。同時に、キリスト教は教えの複雑な奥義の中でどんな違反、どんな主観化の妨げにもならない。アベラールが禁欲を捨ててエロイーズとの愛を生きるに際して、スキャンダルと子供の誕生の後、それらを償うための結婚は解決として現れるどころではない。というのも、結婚は性生活などよりずっと、古代ギリシャ以来、哲学への障害であると、エロイーズが彼に注意を促すからだ。彼女は聖ヒエロニムスとキケロを引用し、ソクラテスに立ち戻る。「ソクラテスが結婚していたこと、そしてまるで自分の例によって未来の男性たちをより慎重にさせるためでもあるかのように、彼がどんな屈辱をもって哲学に刻印されたこの汚点の償いをしたか思い出してください。[★7]」アベラールの物語は非常に興味深い。というのも、禁欲、セクシュアリティ、離別、結婚、去勢の各状態が、多少は世俗的でもあるが、確実に神学的な彼の一連の知的企図に呼応するからだ。彼がこのふたつの間に因果関係を見ているというのではない。ただ彼は、自分の欲動の状態と知的活動とが対応して変化することに気づいており、そこから期待どおりの教訓を引き出すのである。「**神**の手が私を打ったのです。私には分かっていました、私が肉の誘惑と浮世の騒がしい生活から解放され、より自由に学問研究に身を委ねることができるためにと。私は世俗の哲学者であることをやめ、真に**神**の哲学者となっていたのです。」★8エロイーズとの後の文通の中で、**神**の人間-男性（聖職者）《オム・ド・デュウ》であるアベラールは、哲学者オリゲネスが精神生活に到達するために自ら去勢したことに言及し、去勢者という自分の状態を擁護する。一方、エロイーズは非常に孤独であり、情の不在を嘆く。したがって、修道士の理想が彼らの文通の中で再び姿を現すのである。師がアベラールで、エロイーズは弟子だったことを忘れてはならない。男性はその性において罰せられ、彼ひとりが彼ら共通の過ちを償う。アベラールは昇華を強いられ、エロイーズは、非対称性を意識しながら、苦しみの中に留まる。出来事は神話に比肩する。情と思想が男女関係と交じり合う神話に。やがてエティエンヌ・ジルソンは、エロイーズの考察の豊かさを知らしめ、エロイーズの考察がどのように修道院の規則を映し出しているかを示し、また修道院の規則が男性をモデルとしているために彼女の多くの理論的深化が可能になったのだということを示すことになる。★9哲学的考察におけるエロスの役割を証明することはできないとしても、エロイーズは思考の領域である修道会に関して

★7 Abélard, *Lamentations. Histoire de mes malheurs. Correspondance avec Héloïse*, traduit et présenté par Paul Zumthor, Paris, Babel, 1992, p. 160-163〈邦訳、『アベラールとエロイーズ』、畠中尚志訳、岩波書店（岩波文庫）一九三九年、三二頁〉

★8 *Ibid.*, p.168〈邦訳、同上、三六頁〉

★9 Étienne Gilson, *Héloïse et Abélard*, Paris, Vrin, 1984〈邦訳、エチエンヌ・ジルソン、『アベラールとエロイーズ』、中村弓子訳、みすず書房、一九八七年〉

性的《セクシュエ》に差異化された視点を持つのである。

こうしてキリスト教の禁欲は、古代のそれと同様、私たちに考察のためのいくつかの要素を、探索のための三つの軸に応じる形で与えてくれる。まず哲学的生活からの女性の排除、次いで哲学に不可欠なエロス性か、それとも性的《セクシュエ》に差異化された哲学者の身体の昇華かの選択、最後に哲学者個人の禁欲か結婚かの二者択一である。これら三つの議論は今日にいたるまで西欧哲学史を通じて続くことになる。

最初の点、つまり哲学における女性個々人の現れ方に関して言えば、女性が占める二義的な位置は知られている。デカルトの文通相手という位置、たとえばクリスティーナとエリザベトの位置、[☆10] 入門書とまではいわないにしても分かりやすい作品の受け手という位置、[★11] たとえば、『世界の複数性についての対話』(一六八六)を構成するフォントネルの著述や、『メリザンドへの手紙』(一九二五)におけるジュリアン・バンダの著述の受け手の位置。[☆12] テクストの中での対話者という位置、たとえばディドロの『ダランベールの夢』における、シェリングの『クララ』における対話者の位置である。[☆13] すでに近代以前から、教父たち、とりわけ聖ヒエロニムスと聖アウグスチヌスは女性たちに語りかけており、女性たちも彼らの話を聞きに来ている。そしてこれらの演説は単なる説教をはるかに超えたものだった。新たな事態である。というのも、古代においては、女性への「語りかけ」などほとんど存在しなかったのだから。

近代における女性の文通相手という状況は哲学そのものについていくつかの解釈を促している。[★14] 教育されるためにテクストの内部に置かれる女性たちは、哲学者の様々な関心事に応じている。フォントネルネルは彼の知を一般に普及させ、「**大衆**」に与えようとしている。「私は、**哲学**を、まったく哲学らしからぬやり方で扱いたかった」。「**社交人**にとってそっけなさすぎることなく、学者たちにとってふざけすぎていることのない」やり方で。この計画を実現するため、フォントネルはひとつの具体的な舞台装置を与えるのである。「私はこの**対話**の中に教育を受ける一人の**女性**、この対話の中で話されるようなことなどこれまで一度も聞いたことのない**女性**を登場させた。このようなフィクションのおかげで、本がより楽しいものとなり、またこの一人の**女性**の例によって、**ご婦人方**を励ますことができると思ったの

☆10 クリスティーナ（一六二六―一六八九）はスエーデンの女王。エリザベト（一六一八―一六八〇）はプファルツ選挙候フリードリヒ五世の長女。
★11 たとえば、Salomon Reinach, *Lettre à Zoé sur l'histoire des philosophies*, Paris, Hachette, 1926.
☆12 『世界の複数性についての対話』は、田舎の庭園で、著者とG侯爵夫人が六夜にわたって対話を行うという形式を取る。『メリザンドへの手紙』は、「私」がメリザンドと呼ばれる既婚女性に一三通の書簡を送るという形式を取る。
☆13 『ダランベールの夢』（一七六九執筆、一八三一刊）〈邦訳、『ディドロ著作集第一巻』、「ダランベールの夢」杉捷夫訳、法政大学出版局、一九七六年〉は、ディドロの友人で、著名なサロンの主催者であり、書簡集でも有名なレスピナス嬢（一七三二―一七七六）とダランベール、医師のボルドゥが語り合う形式を取る。『クララ』（一八〇九―一八一二年頃執筆、未完の断片）〈邦訳、『キリスト教神秘主義著作集　16　近代の自然神秘思想』、「クララとの対話――自然と霊界の関連について――」、中井章子訳、教文館、一九九三年〉は「私」とクララがときに「医者」と呼ばれる人物を交えて語り合う形式を取る。
★14 たとえば以下の文献を参照のこと。Monique David-Ménard, «Hommes et femmes, une question philosophique ?», in *L'exercice du savoir et la différence des sexes*, *op. cit.*

である。この**女性**は少しも**学問**に手を染めたことのない人間の限界から決して出ることのないまま、それでも話されたことを理解し、自分の頭の中で混乱せずに**渦動**や**諸世界**を整理するのだから。」フォントネルはやはり序の中でこう続ける。「私が、この**哲学**体系全体のために**ご婦人方**に求める勤勉さは、もしも『クレーヴの奥方』[☆15]のあらすじをきちんと追い、作品の美しさすべてを味わいたいのなら必要となるのと同じ程度の勤勉さだけである。[☆16]」ここで、女性を哲学者にすることが問題となっているのでは決してないということが分かる。というのも、知の利点や知に賭けられているものを理解し、見分け、計ることが、哲学者にならずに女性のままでいることを意味しているからだ。「私は学者です」と、第五夜の終わりに侯爵夫人が感嘆の声を上げると、フォントネルは彼女にこう答える。「あなたは十分理性的に学者ですし、学者ではありますが、便利なことに、その気になりさえすれば、私があなたに話したことすべてをもう信じなくなってもいいのです。ただ私は、私の苦労のご褒美として、太陽でも、空でも、星でも、見る時には必ず私のことを考えてくださるということだけをあなたにお願いいたします。[☆17]」決して師を忘れず、いかに知的であろうと教育者となることは決してない、教育される者の位置。そのような位置に彼女はいて、おまけの娯楽を楽しむように哲学を楽しむ。「哲学が私に常に新たな喜びを与えるようにしてください[☆18]」、と彼女は第四夜をまとめている。師と愛人とは同じ男性なのだろうか。

三世紀後、ジュリアン・バンダは、「哲学を自分の手の届くものにしてほしい」というメリザンドの欲求に応じるに際し、同様の考え方をしている。「哲学は、それが存在して以来、あなたのことばかりにかかずらわっているのですよ。[19]」フォントネルは侯爵夫人を宇宙に連れ出したが、ジュリアン・バンダは個人から出発する。哲学を一般に普及させるという意志も、ひとつの世界観を与えたいという欲望もまた相変わらず同様である。しかし、この二〇世紀の哲学者は、自分の言説が無知と知の間にあることを、そしてふたつの間というこの位置が、ときには物事を簡略にしすぎることを意識している。彼の言説は哲学的技巧の外側に、対話者の手の届くところに位置しようとする。こうして彼はフォントネルと同じくらい倒錯したやり方で結論する。「私はあなたに直接的に重要であると思われる問題だけにとどめました。あまりにも直接的なものなので、私は突然、二週間にわたってあなたにお話していることすべてをあなたはずっと前から自分で考えていたのだと得心する気持ちに捕らわれています。あなたほどの身分の方は何も学ばずともすべてを知っているのだと考えることを、またもやあなたに許可したからといって、メリザンドよ、私をお恨みになったりしますでしょうか。[20]」これらの哲学的散歩、田舎での夜の

☆15 一七世紀古典主義小説の傑作。ラ・ファイエット夫人作。恋愛心理分析小説であり歴史小説でもある。
☆16 Fontenelle, *Entretiens sur la pluralité des mondes habités*, in *Œuvres complètes*, t.II, Fayard (〈Corpus des œuvres de philosophie en langue française〉), 1991, pp.9–11〈邦訳、フォントネル、『世界の複数性についての対話』、赤木昭三訳、工作舎、一九九二年、八-一〇頁〉
☆17 同上、p.113〈邦訳、同上、一五四頁〉
☆18 同上、p.96〈邦訳、同上、一二九頁〉
★19 Julien Benda, *Lettres à Mélisande pour son éducation philosophique*, Paris, Le Livre, 1925, p.13.
★20 *Ibid.*, p.161.

対話、もしくはパリからの手紙、すべてがこっそりと出発点へと、知的な楽しみと女性の無知なる知へと戻ってしまう。女性たちは、「哲学のかけら」を受け取るが、哲学する主体とはならない。しかし、いったい何の目的でこうなっているのだろうか？

オーギュスト・コントがこの問題を明白に例証する。彼はどんな女性解放も、どんな両性の平等も拒むのだが、そのような文脈から離れてみても、彼は感情と論理を両性に割り振る哲学から出発して、女性と哲学を対立させる伝統に回帰している。司祭と女性の、実証主義という新宗教の司祭と「感情の性」の対話の只中で、彼は女性を彼の思考の最後の受取人とするのである。「今や女性革命がプロレタリア革命を補完せねばならない。最初は哲学革命から生じたブルジョワ革命をプロレタリア革命が強化したように。[★21]」女性はまたもや受取人となり、女性が出向いてくるよう招待された哲学の領域の外側に留まる。「したがって、真の哲学者は、実証主義の基盤の上にモラルを立て直すに際して、尊敬すべきあらゆる女性たちの密かな協力と親密な承認とを当てにすることができる。[★22]」モラルと実践に関して、哲学者の同盟者としての、哲学者に従属する同盟者としての女性。「実際、哲学者は、我々の行動の諸規則を汲み出すために、女性と同じ気持ちでモラルを検討せねばならない。ただし、哲学者の演繹的学問は、女性たちの帰納法に、それ以外の方法では獲得できないような普遍性と一貫性とをもたらす。そしてこの普遍性と一貫性は、公的にも私的にも、モラルの教えの有効性にとってはほとんど常に必要不可欠となるのである。[★23]」感情と理性を両性に振り分けるオーギュスト・コント固有の哲学に依らなくとも、抽象化、象徴化の不可能な女性という伝統的イメージは我々に与えられている。そして文通相手、対話者が女性の受取人なのは単に思弁的な理由のためではない。知る主体という地位を保持したまま、女性に真理への愛を引き起こすという哲学者の快楽の陰には、「実際的」になろうとする、純粋な思弁の外側に影響をもたらそうとするあらゆる哲学の賭けが見受けられる。とりわけ（女性には非常になじみ深い）モラルと良俗の分野における影響をオーギュスト・コントは考えているのである。

女性は、哲学の風景に必要であるように思われるとしても、周辺に留まる。男性はといえば――そしてこれが議論の第二のテーマだが――、禁欲あるいはエロス性を昇華と結び合わせて思考へと到達する。**エロス**とともに、もしくは**エロス**なしにという哲学的活動のふたつの形は現在まで続いている。いくつか例を挙げよう。

もちろん、性自体が姿を現わさないような禁欲を主張するカントがいる。『学部の争い』において、彼は、フーフェラント教授への手紙を「単なる意図によって病的感情を支配する精神の力について」と題している。必然的に哲学的な精神のことであると彼は言い、彼が「食餌療法」と名づけるものを定義するため、すぐさま個人的な例を挙げる。哲学は身体の衰えを埋め合わせ、哲学するという活動は不快

★21 Auguste Comte, *Catéchisme positiviste, ou Sommaire exposition de la religion universelle en treize entretiens systématiques entre une femme et un prêtre de l'Humanité*, Paris, rue Monsieur-le-Prince, 1852, éd. de 1890, p.32.
★22 *Ibid.*, p.174.
★23 *Ibid.*, p.177.

な感情の向きを変え、生のエネルギーに有利な興奮をもたらす。身体を顧みないことはカントにとって解放だった。というのも、彼自身の身体は彼を心気症にしていたのだから。こうして彼は穏やかさと平静さを獲得したのである。しかし、快楽を犠牲にしてである。「そして、生命は、人がそれを自由に用いてなすことを通じての方が、人がそれを享受することを通じてより、多くの喜びをもたらす以上、精神の作業は、単に身体に関わるものである障害に、別種の生命感の刺激を対置することができる。[★24]」食餌療法という方法によって快楽を顧みないことは、テクストを読み進めていくと、隠喩的な食餌療法に従うこととなる。「学者にとって、思考は食料であり、目覚め、一人でいる時、それなしでは生きられない。[★25]」肉体の、身体のイメージは、快楽がどこへ行ってしまったのかよく分からないまま、純粋な精神的作業につきそう。カントの発言に性は不在である。そして、このテクストの中で結婚に言及される時、それは楽しみのためではなく人間の長寿への寄与のため、有用性のためなのだ。カントは哲学者の禁欲を肉体の抽象化の極限にまで推し進める。彼はもはや具体的に性や結婚について語る必要があるとさえ考えておらず、また肉体的快楽は放棄されているように思われるのである。

カントにおいて禁欲は出発点における所与、おそらくは思考する可能性の原因そのものである。しかし、彼は伝統を例証する人物像ではあるが、この人物像によって近代的禁欲の位置が汲み尽くされるわけではない。たとえばショーペンハウアーは禁欲を原理とは見なさず、むしろ自分の哲学的活動と人生全体の結果と見なしている。彼において禁欲生活は世界の憂鬱に対する治療薬であり、まちがいなく失望の結果である。それゆえ禁欲は思考の作用素、原理というよりは、意志、哲学者と世界との出会いから生じる選択なのである。

もう一方には、哲学者**エロス**がいる。こちらにおいても伝統は続いている。キルケゴールは哲学的洞察にもっとも富んだ、近代におけるその代表者の一人である。哲学的思考の進め方の中心に欲望を置く彼は、古代の**エロス**を精神分析的解釈につなげる欲望の思想家として立ち現れる。そのうえ、彼においては**エロス**のあらゆる位置が表象されている。人間愛、女性への、性への愛から真理への愛と**神**への愛まで、瞬間のレベルである審美的レベルから、時間のレベルである倫理的レベル、永遠のレベルである宗教的レベルまで。欲望の思想家であり、快楽の思想家である彼は、(彼がしっかりと認めていた)女性への欲望と自分の関係においても、肉体と精神の葛藤においても、自分自身が結婚を選ぶか禁欲を選ぶかの決着においてもまったく平静さを保ってはいない。ここで重要なのは、思考の中で、常に哲学者の、もしくは哲学者である男性の実存状況にしっかりと結びつけられている**エロス**の位置の多様性を強調することである。だからこそ、キルケゴールは性的差異がどのように思考され、概念化されうるのか自問するために、性的差異の思想を導入した最初の近代哲学者のひとりなのだ。

議論の三番目のテーマでもあるもうひとつの側面は、近代における哲学者の私生活の関与である。情愛に関する事件が哲学的活動に関与するようになり、哲学者は私たちにこれらの要素を考慮に入れるよ

★24 Kant, *Le conflit des facultés*, Paris, Gallimard, «La Pléiade», 1986, t. 3, p.916〈邦訳、『カント全集第13巻』、「学部の争い」小倉志祥訳、理想社、一九八八年、四三七頁〉

★25 *Ibid.*, p.921〈邦訳、同上、四四三頁〉

う強いる。キルケゴールにおける婚約と婚約破棄、スチュアート・ミルにおける恋愛と知的共同生活（彼は自分の哲学を妻のハリエットとともに作り上げたと告白している）、オーギュスト・コントにおいては、クロチルド・ド・ヴォーが崇拝の対象となったために、宗教的なものへと変化した恋愛、等々。しかし、この分野に関しては、想像的なものが現実的なものよりもずっと強く、性的生活は第一に隠喩的である。

欲望を哲学の原理と見なすこと、性の差異を思考すること、これらすべてのエロス性の中に自分を巻き込むこと、ユーモアをもってキルケゴールはそれらすべてをこう要約する。「人生の中で自分に起きることを正確に書きとめれば、人は思いがけず哲学者になる、とある昔の哲学者が言っている。かなり前から私は婚約している人々と親しく付き合っており、それにしてもこのことはなんらかの成果をもたらしてしかるべきだ。したがって、私は、材料を集めて、『キスの理論のために』という題で、すべての愛情深い恋人たちに捧げられる作品を書こうというアイディアを得た。そもそも、いまだこの主題に関して何も存在しないのは奇妙なことだ。もし私が成功すれば、その結果、長期にわたり感じられていた欲求を満たすことになるだろう。このような文献の欠落は、哲学者たちがこれらのことを考えなかったという事実に依るのだろうか、それとも彼らは分からなかったのだろうか。[★26]」キスの理論は哲学史における断絶を作り出すだろうというわけだ。ショーペンハウアーにならい、キルケゴールは恋愛と性の差異についての考察を創始するという感情を抱いている。

キルケゴールは真理の愛人であり、彼の作品全体が**エロス**に従っている。このことは男性の禁欲にも、女性的なもの、つまり自分の内なる女性の承認にも結びつく。これらすべての点において、彼は彼と非常に異なってもいるひとりの哲学者、ニーチェと同時代人（もしくはほぼ同時代人）なのである。しかし、ニーチェは**エロス**にひとつの性質を、哲学者の妊娠という性質をつけ加える。ソクラテスの発言とプラトンの著作によく登場する妊娠を思い起こせば、古いテーマの繰り返しではあるのだが、哲学史の中ではめったに用いられないテーマの繰り返しである。デリダはニーチェを「妊娠の思想家」[★27]、「知性の妊娠」の哲学者と見なしている（『悦ばしき知識』、§72[☆28]）。「創造者たち、生殖者たち、生成の友人たち」、と彼は『ツァラトゥストラ』（「汚れなき認識ついて」[☆29]）の中で言い、創造の、生成の重要性を示す。「私はいまだかつて子供を産んでもらいたいと思うような女を見出したことがない、私が愛するこの女以外には、なぜなら私はそなたを愛しているのだから、おお、永遠よ！」[☆30]つまりは哲学者と永遠とによる聖なる妊娠である。「この聖なる雰囲気の中でこそ生きねばならない！　生きることができる！　そして我々が思考を待っているのであれ、行動を待っているのであれ――あらゆる本質的な完成を前にし

★26 Sören Kierkegaard, *Ou bien... ou bien...*, Paris, Gallimard, 1984, p.323〈邦訳、『キェルケゴール著作全集第1巻』、「あれか―これか」、太田早苗、大谷長訳、創言社、一九九四年、五八七頁〉

★27 Derrida, *Éperons*, Paris, Flammarion, 1978, p.51〈邦訳、J・デリダ、『尖筆とエクリチュール』、白井健三郎訳、朝日出版社、一九七九年、八八頁〉

☆28『ニーチェ全集　8』、信太正三訳、筑摩書房（ちくま学芸文庫）、一九九三年、一四四頁。

☆29『ニーチェ全集　9』、吉沢伝三郎訳、筑摩書房（ちくま学芸文庫）、一九九三年、二二二頁。

☆30『ニーチェ全集　10』、吉沢伝三郎訳、筑摩書房（ちくま学芸文庫）、一九九三年、一六四頁。

て、妊娠を前にした時と異なる行動はとれず、また我々は〝欲する〟と、〝創造する〟と語るもったいぶった言説を追い散らさねばならないだろう。」（『曙光』、§552）[☆31]。こうして、なぜジャック・デリダが、たとえニーチェのテクストによく存在するものだとしても、この妊娠という隠喩を強調するだけで満足しないのかが理解できる。実際、妊娠は哲学者の思考の隠喩そのものなのだ。そして妊娠が出産を意味することを忘れてはならない。産婆術を持つソクラテス、もちろんプラトンも、そしてニーチェも妊娠というイメージを途中で捨ててしまったりはしない。「一方は自分の思考を出産するのを助ける人間-男性《オム》を求め、他方は自分が助けることのできる人間-男性《オム》を探す。こうして、よい対話が生まれるのである。」[★32]残された問題はもちろん出産によって産まれるものである。生まれるかもしれない子供同様、常に完璧なわけではない。実際のものであれ、哲学的なものであれ、いずれにせよ出産は困難だ。そのことについて、ジュリア・シッサは、実際の出産と哲学的出産とを区別するため、『テアイテトス』を引用しながら、注意を促している。「実際、女性たちがあるときは虚しい見せかけを産み、あるときは現実の果実を産んで、それを識別するのに苦労するなどということはない。そんなことがあったら、産婆のもっとも大変でもっともすばらしい仕事は現実のものとそうでないものとを識別することとなるだろう。（…）私が実践する技術のもっとも偉大な特権は、若い男性の考察が産み出すものが虚しい偽りの見せかけなのか、それとも生と真理の果実なのか厳密に試験し、見分けられるということなのだ。」（150bc）[★33]おそらくニーチェは見分けるに際してこれほど確信は持てないだろうが、プラトンの遺産は強く残っている。始源の遺産と言ってもいいだろう。

エロスとともに、もしくはエロスなしで。哲学者個人の実際の禁欲から哲学的著作の中で作用している想像的妊娠まで、このふたつの極の間で西欧の男性哲学者は思考する。[★34] 哲学的実践に背を向けさせる性への恐怖と思考者による女性的なものの占有の間で、哲学は女性たちにはほとんど場所を残さない。幾世紀にもわたり、[★35] 男性たちが恐怖をもって制限してきた好奇心を女性たちは示してきたのにもかかわらずである。相も変わらずイヴというわけなのだろうか。

しかしながら、哲学史の始まりから違反はあった。女性にとっても思考における**エロス**という問題は起こる。ここで、違反が例外でなくなり始める時期である現代から取った四つの例を挙げよう。哲学に

☆31 『ニーチェ全集　7』、茅野良男訳、筑摩書房（ちくま学芸文庫）、一九九三年、四五〇頁。

★32 Nitzsche, *Par-delà le bien et le mal*, §136 〈邦訳、『ニーチェ全集　11』、「善悪の彼岸」、信太正三訳、筑摩書房（ちくま学芸文庫）、一九九三年、一三五頁〉

★33 Giulia Sissa, «On parvient péniblement à enfanter la connaissance», in *L'exercice du savoir et la différence des sexes, op. cit.*, 及び «Philosophies du genre, Platon, Aristote et la différence des sexes», *Histoire des femmes* (sous la dir. de Georges Duby et Michelle Perrot), vol. 1, dirigé par Pauline Schmitt-Pantel, Paris, Plon, 1991. 〈邦訳、『女の歴史　古代1』、「性別《ジェンダー》の哲学――プラトン、アリストテレス、そして性差」、杉村和子、志賀亮一監訳、藤原書店、二〇〇〇年、一二〇―一八〇頁〉

★34 ジョン・ライクマンの最近の書物がその例証となる。John Rajchman, *Érotique de la vérité, Foucault, Lacan et la question de l'éthique*, Paris, PUF, 1994.

★35 Cf. *A History of Women Philosophers*, édité par Mary Ellen Waithe, Dordrecht/Boston/London, Kluwer Academic Publishers, 1987, 4 t.

おいて女性であるという意識を排除しないふたりの女性と、思考において中性を選択するふたりの女性である。しかし、そこで問題となっているのが、男性たちによって標識を設定された領域における彼女たちの「女性であること《エートル・ファム》」であるのは忘れないようにしよう。女性的なものとの戯れ、性の差異と交差する彼女たちの知の実践の問題そのものはいまだほとんど検討されていない地平として残されている。

一九世紀にクレマンス・ロワイエが、二〇世紀にシモーヌ・ド・ボーヴォワールが、どちらも思考における女性という自分の位置について自問している。クレマンス・ロワイエは「哲学者にして女性科学者」★[36]、ダーウィンの翻訳者であり、数多くの哲学的、科学的、文学的作品の作者だが、彼女は女性と哲学に関する短いテクストを書いている。その中で、彼女は自分の違反、「科学の女性的表現」の探求を表明し、哲学的知の内部において女性が体制転覆的な存在であるよう呼びかけている。「科学はまったく男性的性質を刻印されたままであり、真理は均整が取れて形は美しいものの凍りついて動かない大理石でしかなかった。私がこの像のピグマリオンになれますように！」★[37]シモーヌ・ド・ボーヴォワールもまた思考の実践の中で自分自身を女性と見なし、丸ごと女性に関する本を一冊書いた。私はここでは彼女が女性について何を語ったかよりも、クレマンス・ロワイエと同様、彼女が他の哲学的作業の最中に女性について考察しなければならなかったという必要性の方に関心を抱いている。つまり、どちらの場合にも――そしておそらく歴史上のほかの女性哲学者についても検証可能なのだろうが――、彼女たちは思考における自分自身の「女性であること《エートル・ファム》」という問題を立てているのだ。伝統的にあまりに男性的すぎる**エロス**の問題ではない。そうではなくて主体-女性《シュジェ・ファム》（女性的主体《シュジェ・フェミナン》以前に）の問題、避けて通れない違反の次元である。「私が自分を定義したければ、私はまず〝私は女性である〟と宣言しなければならない。この真理が基盤となり、その上に他のすべての主張が立てられるのである。[38]」このような宣言の中では、コギトの、真理の条件の何かが働いている。認識の主体は女性なのであって、女性的なのではない。したがって認識の条件の問題であり、心理学や存在論の問題ではないのである。

二〇世紀のふたりの哲学者、ハンナ・アレントとシモーヌ・ヴェイユにおける逆の選択、中性という、「私の性は問題でない」という選択も同様に理解できる。哲学の領域に踏み込んだ女性という事実に関して、彼女たちは語る必要さえ感じない。性的差異は「私個人に関してはどんな役割も果たしませんでした。実際のところ、私は自分がしたかったことをしただけです」、とハンナ・アレントは打ち明けている。[39] だからといって、彼女が女性全体に関する歴史的ハンディキャップを認めないわけではまったくないのだが。思考に関し、彼女たちの性の中性性もまた明白である。シモーヌ・ヴェイユは労働者仲間たちとの議論に熱狂する。というのも、少しの間、階級と性の差異が消滅するからだ。「奇跡的」と彼

★36 Geneviève Fraisse, *Clémence Royer, philosophe et femme de sciences*, Paris, La Découverte, 1985.

★37 *Op., cit.*, p.106.

★38 Simone de Beauvoir, *Le deuxième sexe*, Paris, Gallimard, 1949, pp.13-14〈邦訳、シモーヌ・ド・ボーヴォワール、『決定版 第二の性 I 事実と神話』、井上たか子、木村信子監訳、新潮社、一九九七年、九-一〇頁〉。以下の文献を参照のこと。Geneviève Fraisse, «Le privilège de Simone de Beauvoir», in *La raison des femmes*, Paris, Plon, 1992.

★39 «Seule demeure la langue maternelle», entretien avec Gunter Gaus, 1964, *Esprit*, juin 1980, p.20.

女は言う。[40] 一見、**エロス**は不在である。とりわけ不在であるよう望まれている。妊娠や出産の隠喩を使うことの不可能性は想像できる。おそらく、この「女性パイオニアたち」にとって実際に母になることの不可能性も。とりわけ男性哲学者にとって明白に隠喩であるものが女性哲学者にとっては罠となることが理解できる。というのも、母になることの現実は、実に具体的な罠、知的作業に対する物質的障害として現れうるからだ。

結局のところ、このふたりの女性は昇華というフロイトの説にかなり同意するだろう。フロイトは、心的生において、「差異化されておらず置き換え可能なエネルギーは自己愛的リビドーの貯蔵から生じる。すなわち、このエネルギーは非性化されたリビドー（**エロス**）を表す」[41] という仮説を述べている。非性化されたリビドーを、彼は「昇華されたエネルギー」とも名づけている。なぜなら、それは「統合し、結合し、自我の特徴である、少なくとも自我の主な望みである統一性を実現するという**エロス**の主たる意図を自分自身の意図とするからである。広義の知的過程をもこの置き換え可能なエネルギーに含めるなら、知的作業もまた昇華された**エロス**の欲動によって糧を与えられているのだと言うことができる。」非性化され、もしくは昇華されて。とはいえ、**エロス**の変貌において性の何が失われるのかについては合意が必要である。「性目標の放棄」と知的活動への備給の間ではおそらくいくつかの立場が可能だ。しかしそれでも、**エロス**は十分に変化させられ、異を唱えられる。「こうして、自我は、エスがそのエロス的傾向により駆りたてられる対象に結びつくリビドーを我が物とし、唯一の愛の対象となり、エスのリビドーを非性化もしくは昇華し、**エロス**の意図とは反対に働いて、敵対する欲動の動きに奉仕する立場に立つのである。」[42]

ハンナ・アレントとシモーヌ・ヴェイユはこのような発言に同意できるだろう。というのも、フロイトは、思考の実践において、**エロス**の存在の支持者たちと**エロス**の不在の信者たちとの間の伝統的分裂を無くしてしまうからだ。なぜなら、フロイトの語るところでは、**エロス**は自分自身と戦いながらそこに存在し、そのことにより分裂を時代遅れにしてしまうからだ。また、まさにそうすることにより、彼は**エロス**の男性もしくは女性という性別《ジャンル》を原則的に破棄している。**エロス**には男性的なものや女性的なものが与えられていない。性《セックス》がセクシュアリティに場所を譲る。思考する男性と女性の間に差異を想定する理由はもはやないのである。

フロイトは昇華という抽象概念を導き出し、昇華において、それを可能にしたものである**エロス**の放棄を強調する。しかし、ことはそれほどたやすくはない。再びニーチェを引用しよう。「ひとりの人間において、セクシュアリティの度合いと性質は精神のもっとも高い領域の中に至るまで反響する。」[43] 思

★40 Simone Weil, *La condition ouvrière*, *Œuvres complètes*, Paris, Gallimard, t. II, vol. 2, p.220〈邦訳、シモーヌ・ヴェイユ、『工場日記』、田辺保訳、講談社（講談社文庫）、一九七二年、一一五頁〉

★41 Freud, *Essais de psychanalyse*, Paris, Payot, 1967, p.216〈邦訳、『フロイト著作集6』、「自我とエス」、小此木啓吾訳、人文書院、一九七〇年、二八八頁〉

★42 *Ibid.*, p.217, p.218〈邦訳、同上、二八九頁〉

★43 Nietzsche, *Par-delà le bien et le mal*, §75〈ニーチェ、「善悪の彼岸」、既出、一二二頁〉

考自体の中に再び**エロス**を見出す危険を冒すとしても、この反響は注釈されねばならない。ジル・ドゥルーズは『意味の論理学』の中で、そのことを非常に明快に証言している。

死の本能に糧を与えると同時に思考のメカニズムを条件づけることのできる「非性化、もしくは非性化されたエネルギー」[44]という考えよりも、ドゥルーズは「変換」という考えを好む。変換、もしくは自己愛の傷から、去勢の筋から始まる幻想《ファンタスム》。「したがって、ひとつの飛躍がある。死の溝としての去勢の筋は、思考のあの裂け目となり、その裂け目はおそらくは思考することの不能性を印すのだが、同時に、思考が思考の新たな表層を充当する出発点となる線と点をも印づけるのである。そして、まさに去勢がふたつの表層の間にあるようなものであるからこそ、去勢はこの変換を受ければかならずそれに帰属するものの半分を引きずり込み、セクシュアリティの身体的表層のすべてを思考の形而上学的表層にいわば折り返す、もしくは投影するのである。幻想《ファンタスム》の定式は、性的《セクシュエ》に差異化されたカップルから去勢を介して思考へ、というものだ。深層の思考者が独身であり、抑鬱的な思考者が破綻した婚約を夢見るというのが本当なら、表層の思考者は結婚している、もしくはカップルの〝問題〟を考えている。[45]」変換とドゥルーズは言う。しかし、「反響」というニーチェの表現のほうがより多義的であるという利点がある。というのも、たとえドゥルーズがセクシュアリティの効果の多様性（去勢から性感帯まで、口から脳まで）を強調しているとしても、彼は、潜在的に思考者の位置をカテゴリー分けしているからだ。そこで、彼が哲学史家としての自分自身について語っていることは面白い。「当時、私がなんとか切り抜ける方法は、哲学史を、おかまを掘るようなこととして、もしくは結局は同じことだが、処女懐胎のようなこととして考えることだった。[★46]」女性の処女性と等価の、男性のおかまを掘ることとは、哲学史の思考を形容するにしては驚くべき併置である。「私は自分が著者の背後から近づき、彼に子供を、彼の子供でありながら怪物的な子供を作ってやると想像した。」（同上）。性交の体位から怪物の出産への移行は少なくともプラトンやニーチェにおける哲学者の妊娠のイメージとは異なるイメージだ。そしてまさにニーチェが、ドゥルーズにおいて、この怪物の出産の連続を止めたのである。「というのも、彼にこんな扱いを受けさせるのは不可能だから。背後から子どもたちなんて、子供を作らせるのは彼の方だ」（同上〈邦訳、一五頁〉）。全くもって、ニーチェなのである。

★44 Gilles Deleuze, *Logique du sens*, Paris, Minuit, 1969, p.242〈邦訳、ジル・ドゥルーズ、『意味の論理学』、岡田弘、宇波彰訳、法政大学出版局、一九八七年、二五九頁〉
★45 *Ibid.*, p.254-255〈邦訳、同上、二七二―二七三頁〉
★46 Gilles Deleuze, *Pourparlers*, Paris, Minuit, 1990, p.15〈邦訳、『記号と事件：一九七二―一九九〇年の対話』、若林寛訳、河出書房新社、一九九六年、一四頁〉

経験性と貨幣

概念と知

愛は性の差異に関する哲学的問いかけの場となることもできただろう。他者への愛から**神**への愛まで、人類への愛から真理への愛まで、そのような愛の問題は。対象としての愛は論理的に主体としての愛でもあった。**エロス**と哲学者の、欲望と思考の、必然とされたり避けられたりした出会い。思考への欲望との出会いも含めて。愛と欲望が、伝統の中で、性の差異に関する考察の代わりとなった。そこで女性と哲学の問題は、言及されたりほのめかされたりはしたが、論じ尽くされることはなかった。

女性に関する言及の度合いは、実際には多い。否認が通説となったために思いこまされているよりは多い。

したがって、私が哲学素の不在と呼ぶものが明確になるだろう。それは、哲学の領域からの性の差異の締め出し、排除なのではなく、むしろ地位の不在、実際の存在を前にしての、きちんと認知された対象としての非存在なのである。実際、エレーヌ・シクスーが、「プラトン、ヘーゲル、ニーチェにおいて女性の抑圧、排除、疎遠化という同じ操作が続けられる」[★1]と語ったような、排除という考えを捨ててみれば、「性」という多様な入り口が見えてくる。というのも、テクストの中に、男性的なもの／女性的なものについての考察、性的に差異化された《セクシュエ》存在である男性と女性の現実についての考察があるかという点についていえば、男女間の関係と紛争への考慮が見られることは明白だからである。ただし、哲学的テクストにおける性の差異の出現にはさまざまな様式があるのだ。それは明白で、見えるのだが無秩序な出現なのである。象徴的な地位がないために、見えなくすることもまた常に可能なのである。たとえば、高等商業学校[☆2]一九九二―一九九三年度入学試験準備用の、身体に関する手引きと撰文集においては、身体は一見して性的に差異化されて《セクシュエ》いなかった。性器なしに、性的差異化《セクシュアシオン》なしに身体を思考することが可能だろうか。この問いはもちろん立てるに値するし、おそらく複数の答えがあるだろう。性的差異化《セクシュアシオン》を見えるようにすることに対する困惑を際立たせよう。この『身体』についての小冊子の中で、マルク・リシールは各人の身体の明証性から話を始める。「我々自身と我々の身体とのこの相互帰属性は、初めから、あらゆる文化を貫く形而上学的な大問題を孕んでいる。それは生の問題、誕生と死の問題であり、それに性的差異の問題も付け加えるべきだろうか。[★3]」この「付け加えるべきだろうか」は

★1　Cf. Hélène Cixous, *La jeune née*, Paris, 10/18, 1975, p.117–118 et note p.244〈邦訳、エレーヌ・シクスー、『メデューサの笑い』、松本伊瑳子、国領苑子、藤倉恵子編訳、紀伊國屋書店、一九九三年、原注二四三―二四四頁〉

☆2　普通の大学と異なり、より厳しい選抜を受けるエリート養成機関であるグランゼコールのひとつ。

★3　Marc Richir, *Le corps, essai sur l'intériorité*, Paris, Hatier, 1993, p.5.

多様に解釈しうる。疑いを表す疑問符から明証性への譲歩まで……。性の差異は、奇妙なことに、哲学に「付け加え」られる問題なのである。それは欄外、おまけ、もしくは余計ものなのだろう。このことと、ある哲学者たちにとっては哲学において身体に性がないという事実とは別問題である。抽象化が哲学的作業の条件なのなら、身体に性がないこと、性があってはならないこともおそらくひとは受け入れるだろう。しかし、それは多数の理論的選択肢の中のひとつであると言わねばなるまい。

性的に差異化された《セクシュエ》身体の抽象《アブストラクション》化にとどめておくことも可能であり、身体からの性のこの抽象《アブストラクション》化は、身体の概念化とも身体からの性の差し引きとも理解できる。第三の、伝統的な表象が残されている。両性の統合というものだ。これは性の二元性という障害を回避するもうひとつの方法であり、第二の仮説であって、ここにおいて差異が示されるのはよりうまく消し去られるためでしかない。『饗宴』に示される哲学の創始の伝統は両性具有を性の第一原理としている。ミルチャ・エリアーデはそこに人類の本質的ノスタルジー、失われた統一性へのノスタルジーを見る。そうであるなら、哲学者における性の思想の不在はおそらく「裂け目のない統一体」としての「完全性[★4]」へのこの欲望に由来するのだろう。そして、不完全性が性の二元性なのだろう。哲学は人間の完全性のレベルで自らを思考することが可能だと信じているのだろうか、またそのため性の差異を「忘れる」ことが必要だと信じているのだろうか。

したがって、ふたつのイメージがある。本源的統一体の表象としての両性具有というイメージと、別離の、また原初的な他者性の表象としての性の差異というイメージである。なぜこの最初の差異は、両性の加算によって回避されたり、性の否認によって言及を避けられたりしなければならないのだろうか。他の多くの対立、反対物、衝突が哲学的思考によってその後作り上げられ、概念化されていくにもかかわらず。おそらくこれこそが根本的な哲学的問題なのだろう。根本的というのは、本源的統一体という表象が思考の虚構上の起源でありうるからだ。プラトンの『饗宴』がこの表象を舞台に上げ、ミルチャ・エリアーデがそれを再演する。それと同時に、思考の実際の起源は他者性から、原初の性の他者性、理解不可能性の、したがって理解するという活動の源から生まれたのだろう。

性のない身体の抽象性に執着しようが、両性の統一性へのノスタルジーに執着しようが、性を否認しようが、両性の分離を拒否しようが、いずれの場合にも、おそらく「性の差異」という哲学素の不在のあるひとつの原因が宿っているのだろう。

さて、私たちを「性の差異」という思考対象の道へと導いている理由がふたつある。ひとつは、哲学的テクストにおいて、性の二元性に関する考察もしくは性の二元性を用いた考察は、数多く出現するものの、その現れ方が分散していることである。もうひとつは、思考にとって性的差異が始源的性格を持っており、昇華にとっての否定的条件、もしくは両性具有という起源によって否認される条件になっているということである。そこから、「性の差異」という哲学素の諸条件の探求に賭けられたものが、ま

★4 Mircea Éliade, *Méphistophélès et l'androgyne*, Paris, Gallimard, 1962, p.133〈邦訳、ミルチャ・エリアーデ、『悪魔と両性具有』(『エリアーデ著作集 6』)、宮治昭訳、せりか書房、一九七四年、一三八頁〉

たこの探求の独創性が生じる。それは、古い取り扱われ方、つまりテクストの中への性の出現の徹底的に混乱したあり方をなおざりにすることなしに、新たな思索的関心、哲学的欲望から出発して、「性の差異」という対象を構築することなのである。

独創性と言ったのは、他の領域、たとえば歴史学において、現在の企図は同じではないからだ。歴史学においては、女性という、性の差異という対象が導入されねばならないのは、その対象の解消を目指してのみである。全般的な歴史、つまり歴史が性的に差異化されている《セクシュエ》のだということを理解しているような歴史の表象の中にその対象を消え去らせることを目指してのみである。したがって、歴史が性的に差異化されている《セクシュエ》のだと認められれば、それ以後、性の差異は社会階級とか都市と田舎の関係等といった他のパラメーターの中のひとつにすぎなくなるだろう。「女性史」を作る必要性を強調することには、あらゆる歴史における性的差異化《セクシュアシオン》を、単純な、いわば陳腐な所与として見えるものにするという目的以外のものはない。女性史が特殊性という観点から成されるのは、歴史の一般性の中に女性史が書き込まれているのだということをよりよく納得させるためでしかないのである。同様に、「性的社会関係」の社会学は、この新たなパラメーターを普及させる（明々白々なものとする）ことを、他のパラメーターの集合の中に入れ込むことを目指しているのであって、このパラメーターに特別な地位を与えようとしているのではない。

それに反して、哲学は「性の差異」という対象を創出することができたとしても、それを再び解消するというようなことにはならない。その逆である。この対象が思考可能となるためには、哲学はそれを他の哲学的テーマと区別し、その特異性を示し、その必要性を明示しなければならない。歴史学や社会学とは逆に、哲学は、たとえこの分野全体を揺るがすようなパラメーターであれ、新たなパラメーターを使って性の差異を思考したりはしない。そうではなくて、対象を対象として作り出すことによって思考するのである。

したがって、私は対象の構築について語ることを提唱する。この構築の出発点は、性的差異の出現の仕方が無秩序なことにあり、この無秩序は、それを読み解くために、性に関する問題の現われ方の諸様式へと組織されうる。そのため、この対象の構築は、ぱっと一度サイコロを振って終わりというふうには、単なる概念上の決定だけでは、なされない。反対に、その構築には材料の組み立てが必要であり、その材料はひとつひとつ見分けられねばならないのである。それだから、この哲学素は概念の問題に還元されることはないだろう。「性の差異《ディフェランス・デ・セックス》」という表現はひとつの選択であり、「性的差異《ディフェランス・セクシュエル》」や、ジェンダーもしくはジャンル☆5といった選択とは異なるのである。

「性的差異」はフランスの思想に、とりわけエレーヌ・シクスーやリュス・イリガライの思想に特有の哲学的態度表明である。性的差異というのはそれだけですでに性の差異についてのひとつの定義、差異の存在論的もしくは心理学的肯定、女性的なものの哲学の出発点である。これはあらゆる点において注

☆5「ジャンル」は英語の「ジェンダー」の仏訳。しかし、このふたつの言葉の意味内容にはずれがあり、それに関しては後述されている。

目すべき賭けである。それほどそれは、まさにこの肯定によって、哲学の25世紀を軽んじているからである。しかし、この賭けに関しては、後のために記憶しておくにとどめなければならない。ここでの私の問いかけは予備的なものであり、まずは方法論的、批判的なものなのだから。

ジェンダーもしくはジャンルというのは、生物学的なもの（両性）と社会的なもの（性的に差異化された《セクシュエ》役割の構成）の間の歪みを表示する、（アメリカからやってきた）哲学的提唱であり、さまざまな説明を必要とする。「性の差異」と言わずに「ジャンル」と言うことは、性の具体性を捨ててジャンルの抽象性を選び取るという概念上の意志を表している。つまり、これは伝統の無秩序を組織立てるためのひとつの概念を提案することである。しかし、表向き方法論的なこの決定は、実は哲学的な諸選択を伴っている。性的差異の（さらにはセクシュアリティの？）否定、そして純粋に社会的な分析の選択というものであり、自然／文化（生物学／社会性）の対立の問題化というよりは踏襲であり、主意主義的抽象化のための、性関係及びそれに固有な紛争の表象の喪失である。

たとえばヘーゲル（『エンチクロペディー』）に見出される「性の差異」という概念には、先に挙げた諸概念により一見解決されたかのような諸問題を開いたままにしておくという利点がある。性的差異とジャンルは、まさにその言葉自体で、哲学的提唱を表明している。性的差異は差異を肯定し、ジャンルは生物学的なものと社会的なものとの二項対立を踏襲するのである。

ここで言語的な問題を強調しなければならない。それはやはり興味深いものだから。sexual difference〈性的差異〉は英語では生物学的なコノテーションを持っており、だからこそ、決定論的な表象から逃れることを期待して、「ジャンル」を作り出す必要があった。フランス語では、「性の差異」はいくつかの領域で使われており、生物学的な含意がもっとも強いわけではないし、言語の中で性的差異と共存している。一方、ジャンルという言葉は、フランス語では文法用語（男性［形］le masculin、女性［形］le féminin）か一般性（人類 le genre humain）である。ドイツ語では、Gattung は Geschlecht と異なるが、両方が〈フランス語における〉ジャンルを意味し、Gattung が種の上位分類となる属《ジャンル》を、Geschlecht が人類《ジャンル・ユーマン》、もしくは文法上の性《ジャンル》を表す等々。フランス語とドイツ語では、ジャンルは普遍的（人類）であると同時に特殊（文法的）であることに留意しよう。アングロ＝サクソン語によって提案されたジャンルは、ふたつの性の表象によって構成される普遍であろうとする。このような企図の概念的困難さ、この企図が今言及した言語の諸カテゴリーを前にした時の試練は想像に難くない。しかし、なぜ概念だけでは対象を作り上げるには不充分なのだろうか。なぜジャンルという言葉は哲学素への到達手段のひとつとはならないのだろうか。

先に挙げた二番目の理由によってである。つまり、性の差異は思考の根源にあるから、それはひとつの事実、経験性という地位から逃れられないように思われるひとつの所与だからである。これこそが性の差異の思考にとって第一の障害なのである。まさに差異という事実そのものが。もちろん、この経験性およびこの経験性を練り上げることの考察から生じうるものを別とすればであるが。個別的な、個人的な面では、精神分析が、経験性と等価である実存性を構造化する言説を提供しているし、集団の面では、社会学が同様に事実を尊重した分析的もしくは総合的研究を可能にしている。経験性は考察域以下《アンフラレフ》のもの《レクシフ》、つまり言説の手前にあるもの、ではない。ただ単に、それは象徴化された普遍への到達を可能にしないのである。したがって、性の差異について、認められ、受け入れられている思考が、個別的事実であれ、集団的事実であれ、事実を等閑視しないもの、事実に委ねられたものであることは明らかである。そうなると男女の差異の経験性は思考の障害ではなく構築条件だ。しかし、それゆえにこそ、性の差異の経験性は非哲学的になる。そうして、本書のような研究活動に関する解釈は以下のようなものとなる。性の差異は、主観性の問題（個人史におけるどんな事件もしくはどんな所与のためにこんな対象、この「変なアイディア」に引き付けられるようになったのだろう）に従属させられるか、あるいは女性の「状況」（もちろん社会的状況）には関心がありますよ、という慇懃無礼な指摘によって哲学領域の外側に分類されてしまうかするのである。個別的もしくは集団的事実（心理学か社会学）がそれだけで性の差異を思考する場をまとめているように思われる。そしてまとめるとは、ここでは還元するという意味である。

そして、概念だけでは有効でない第二の理由がある。性の差異は、「女性たち」の問題だから普遍化できない。特殊が一般に重なり合い、両性《レ・セックス》は大文字で単数形の**性というもの**《ル・セックス》になる。ほとんど換喩的なこの操作が分析され、注釈されるべきであることは確かだ。一方の性がもう一方の性を思考するのであって、ふたつの性を同時に思考するのではない。男性というものが女性というものを思考する。抽象的なあるひとりの男性が女性たち一般を思考する。この構造は考察されるに値する。それこそ、たとえばフランソワーズ・エリティエ＝オジェが、自著を『ふたりの姉妹と彼女らの母』と名づけて、試みていることだ。「私が出会った男性形《オ・マスキュラン》で語る諸テクスト、つまり男性との、男性のエゴとの関連で禁止を提示するテクストの故に……。同じ父親を持つ女性たちは参照の項として考えられているので、彼女たちが同じパートナーを共有することに対する禁止については、テクストは非常に迂回したやり方で語るのである。[★6]」男女を逆にした近親相姦の形態は現実には想定しうるが、思考においてはそうではないのである。こうして、性の差異の思考が、両性の関係性の構造についての思考が繰り広げられる場と想定されている人類学においてさえ、概念構築における非対称性は明白なのだ。それでも人類学は、最初から両性の「関係」を思考することで、本質に触れているのにである。

しかし、フランソワーズ・エリティエ＝オジェが幾度にもわたり強調しているように、まさに性の差異は最初の差異、その上にあらゆる他の差異が作られ語られていく差異なのである。すでにエンゲルスが『家族の起源』の中で、性の差異を社会生活のまさに基礎に置き、最初の分業と最初の階級対立は男女間で起こると述べていた。[★7]エンゲルスは今日の人類学よりはるかに政治的なやり方で性関係を検討していた。ところで、人類学の揺籃期から今日のもっとも革新的な分析に至るまで、人類学者は、フランソワーズ・エリティエ＝オジェとともに、私のテーマに光を与えてくれるひとつのことを語っているの

★6 Francoise Heritier-Auge, *Les deux sœurs et leur mère*, Paris, Odile Jacob, 1994, p.23-24（原著の誤り、著者名Francoise Heritier）

★7 Friedrich Engels, *L'origine de la famille, de la propriété privée et de l'État*, Paris, Les Éditions sociales, 1974, p.74〈邦訳、『マルクス＝エンゲルス全集』第21巻、大内兵衛、細嘉六監訳、大月書店、一九七一年、七〇頁〉

である。つまり、性の差異は最初の差異、その他の差異の表現を条件づける差異であり、「人間の身体が持つもっとも還元不可能なものである」ということだ。★8

還元不可能というのが、生物学的社会的事実である「性の差異」という所与を語るもうひとつのやり方である。還元不可能ということは、第一に経験性の思考不可能性へと人を差し向ける。「それはホモサピエンスにおける発生状態の思考にとって車止めである」(同上)。それが車止め、始源的事実だとすれば、そこから、この差異の「最初の」、「第一義的な」観察の繰り返しが生じるのだと、この人類学者は言う。というのも、この車止めは思考の請求不受理へと変化することはないからだ。車止めに当たって、人類学者は跳ね返り、思考し始める。たとえば、近親相姦という観念と、最小の家族単位の外側へのこの概念の必然的拡大を。だからこそ、ここでもよそでも過去でも現在でも諸社会における近親相姦の観念の強く安定した力があるのだ。

より一般的に、人類は差異のこの還元不可能性、この疑問の余地のなさを出発点としてしか思考しなかったのだと、フランソワーズ・エリティエ゠オジェは結論する。性の差異は同一なものと異なるものとの間の戯れ、緊張、対峙を、またそこから思考が作り上げられていく場所を意味する。同一なものだけでは思考は可能にならなかっただろう。二元性、他者性が思考のるつぼなのだ。性的差異の経験性は知の実践の基盤にあるのだろう。

ここから哲学において「性の差異」という対象を構築するという二重の賭けが生じる。ひとつには、中性ではない普遍性の水準に到達すること——なぜなら、この対象は二**なるもの**を一**なるもの**に包摂しはしないだろうし、それは普遍的な男性的なものと特殊な女性的なものとの間の伝統的非対称性を脱構築するだろうから。もうひとつには、両性という人為性――それは、限られていて概念の構築に逆らうと考えられているひとつの表象に従属させられている――の外側に出るのを受け入れること。この賭けの支柱が性の差異の歴史性という仮説であることは次章で検討しよう。

無秩序

第一の困難から始めよう。私たちの地平は対象を構築すること、性の差異の概念的表象を構造化することとなるだろう。しかし、はじめからこの対象は無秩序という形のもとに現れるのである。哲学史の中に、明確な一章もなければ、まして著作もない（ジョン・スチュアート・ミルの『女性の隷属』［一八六九年］[☆9]を除けば）。認識論的に比較不可能なくらいさまざまな次元での現れ（ショーペンハウアーの罵詈雑言からフィヒテにおける帰結としての補論まで）。隠れた形での現れ、たとえば逸話的なものや脚注による問題解決（スピノザにおける備考）、もしくは逆に性の差異を哲学の作用素として使うこと（フォイエルバッハやニーチェ）等々。[★10] こう要約できるだろう。無秩序は、言説の暗々裏と明示性との

★8 Francoise Heritier-Auge, *op. cit.*, p.11.
☆9 J・S・ミル、『女性の解放』、大内兵衛、大内節子訳、岩波書店（岩波文庫）、一九五七年。

間で、隠されたものと見えるものとの間で、かなり広い範囲で作動しているのだと。

――脚注や敷衍としての系などの脱線から、形而上学における二なるものの使用、思考の図式としての性的差異の使用まで。

――哲学者のイデオロギー的余談、政治的態度表明から、女性と真理が混同される存在論的隠喩まで。

――自分を性的に差異化《セクシュエ》された主体として示す哲学者の主体的関与から、あらゆる思考にとって本質的な性別のない《アセクシュエ》言説に対する確信まで。


差異が現れる様式をさまざまなカテゴリーに分類し、無秩序を整理すること、それがここで提唱される作業である。ただし、このような計画作成的作業をこの研究の内部で実現することまではできないが。非常に部分的な形ではあるが、性の差異を含む哲学的諸テーマの整理は、全体的な哲学の戦略における性的差異を用いた考察に関してではなく、両性についての主張という軸だけを特権視する形では、すでに素描されている。[★11] 一言で言えば、それは発言の内容の分析であって、論証の中での用いられ方の分析ではなかった。整理するというのは、問いかけの中で置き換えが行われるさまざまな場所を同定することを意味していた。一八〇〇年頃、カント、ヘーゲル、フィヒテによって見られた、もしくは垣間見られた女性の「使命」という場所。一九〇〇年前後、フロイトやニーチェにおける、女性の個人的、私的、共同的運命という場所。法哲学、ドイツ・ロマン主義、ベンサム、フーリエにおける、世界の性的《セクシュエ》分割を組織する家族と政治的主体という場所。ショーペンハウアー、キルケゴール、オーギュスト・コントにおける愛と両性間の紛争という場所——ここに登場する人物は政治的であると同時に形而上学的でもある。マルクスやプルードン、シュティルナーやジョン・スチュアート・ミルにおける女性解放と正義という場所。そして最後に、エンゲルスとニーチェ、フロイトとヴァイニンガーにおける、種と個人の歴史という場所、および女性の悪という考えの再浮上。

しかし、無秩序を整理することは新たな秩序を与えることではない。この作業は計画作成的なものに留まる。

無秩序を整理することは理解可能にするための諸条件を与えることである。そもそも無秩序には、それなりの理由、非常に容易に特定しうる諸理由があるのだから、ひとつの秩序を与えることは不可能だろう。実際、「性の差異」という対象を名指すことを、ふたつのハンディキャップが邪魔している。ひとつは、あらゆる社会に存在するもので、女性に対する男性の支配の戦略に属するものである。男性哲学者もまったくこの限定から逃れてはおらず、このことが時代に応じて認めやすかったり認めにくかったりすることは後に見よう。もうひとつはセクシュアリティそのものに属するものである。性的差異化《セクシュアシヨン》

★10 Cf. Geneviève Fraisse, «La différence des sexes, une différence historique», in *L'exercice du savoir et la différence des sexes*, *op. cit.*

★11 Geniviève Fraisse, «De la destination au destin, histoire philosophique de la différence des sexes», in *Histoire des femmes*, *op. cit.*, vol.IV, codirigé par Michelle Perrot et Geneviève Fraisse 〈邦訳、ジュヌヴィエーヴ・フレス、「使命から運命へ、性差の哲学史」、『女の歴史IV、十九世紀1』、杉村和子、志賀亮一監訳、藤原書店、一九九六年〉

が単純な表現の中で生きられるのではなく、むしろ話を偽装する抑圧の中で、人生においても書かれたものと理論においても働いている抑圧の中で生きられることは周知の通りだが、そのようなものとしての性的差異化《セクシュアシヨン》に属するものである。

無秩序を整理するにあたって、整理する無秩序の範囲は広い、見たところ哲学の空間と同じくらい広い。一方の縁では、性の差異の経験性の確認に基づく陳腐なコンセンサスが成立しており、このコンセンサスは、女性に対するある種の哲学者たちの無作法さ、概してほとんど哲学的でないと判断される凡俗な発言（愚言録）と矛盾しない。性の差異の経験性はたいていの場合、「女性たちについての」、女性たちの本質的劣等性についての言説へと行き着くのである。もう一方の縁には、性の形而上学が、この第一の、根源的な差異に関する一般的とは言いがたい感覚があり、それは愛と欲望を通じて哲学そのものを表象しようとする。こうして、経験的内在性の極みから超越性と無限の代用までの幅広い振幅で、性の差異は現れたり消えたりする。どの場所でも不在ということはなく、至る所に多かれ少なかれ存在する。

無秩序を整理すること、最初からこの仕事にはなにか不可能なものがあることを知りながらも。というのも女性的なものと女性は同じひとつのものではないから。現実の「女性たち」、政治的共同体のもしくは生物学的再生産の女性たちは、女性的なものの性質を参照しなければならないのであって、女性的なものの性質とそもそも関係があるわけではないのだから。性の差異は性的差異とは異なるのだが、哲学者たちは簡単に一方から他方へと移動する。ニーチェはその達人だ。

哲学の領域は女性存在のもっとも現実的なもの、もっとも経験的なものを女性的なもののもっとも非現実的なもの、表象、隠喩、象徴に包含する。

無秩序を整理するというよりは、むしろ視点を変えてみること。ソランジュ・メルシエ＝ジョザは「女性問題」を哲学的問題から引き離している「隔たり」について[★12]、哲学の伝統に注ぐ彼女の視線の中にその隔たりを解消してしまおうとせずに語っている。性の差異というものが、そこから思考が始められるのにもかかわらず、思考されることのないものなのなら、テクストにおけるその無秩序な出現は驚くにあたらないだろう。そして哲学の言表におけるこの差異の出現がおそらく起源の再出現を示すのだとしても、その出現はやはりなんらかの意味を持つ現われなのだ。出現は何かの、さらには一度にいくつかのものの役に立っているのである。論証の道具、現実的なもののごまかしの空間、問題のすり替えの場、等々、性の差異は、手の間を回る環回しゲームを思い起こさせるようにテクストの間を回る[☆13]。これらの思考の手続き全体をひとつの共通の隠喩、貨幣という隠喩に集約することができるだろう。貨幣はそれ自体が対象でありながら他のものの役に立つ対象なのだから。交換の手段、媒介の場としての貨幣のイメージを通した交換のイメージである。

固有の対象となることなしに常に存在し、性の差異は流通し、交換される。

★12 Solange Mercier-Josa, «Femme et servitude», in *La condition féminine*, Éditions sociales, 1978, p.304.

☆13 小さな環を通した綱を持って円形に座った人たちが、手から手に小さな環を回していき、円内の鬼が環の持ち主を当てる遊戯（小学館『ロベール仏和大辞典』より）

性の差異は秘密裡に流通し、他の話をしている時に、「ついでのように」現れると、ルイーズ・マルシル＝ラコストは言う。★14 これは無頓着のせいなのだろうか、むしろ差異を見ないようにするため、差異に触れないようにするためなのではないだろうか。テクストに現れる、どちらかといえば女性に好意的でないこれらの偶発的挿入節は、概して、偏見として、したがって哲学外にある発言として読まれる。そんなものではないと考える方が実り豊かであると思われる。

性の差異は他の差異と組み合わされて流通する。それが根本的差異であることは明白だが、他の差異に組み合わされてしか言及されない。それは決して単独では思考されず、哲学的必要に応じ、子供、奴隷、狂人、ユダヤ人、芸術家、植民地の被支配者……とともに結晶化されてテクストの中にやってくる。それは、隷属の、もしくは体制転覆の言説戦略の中で、階級、人種、年齢などの他の差異に結合される。

性の差異は同時にいくつかの場所にあって、現実の男性や女性を指したり、男性的なものや女性的なものを指したりする。しかし、性的《セクシュエ》に差異化された具体的主体と性の二元性の同定とは別のものだ。精神分析の台頭からジャック・デリダまで、生物学的現実と想像的な性との区別は不可欠なものだと明白になったにもかかわらず、区別の実現は混乱に拍車をかけるような形でしか行われなかった（以下の章を参照のこと）。それでも、この混乱状態が、たいした理論的躊躇なしに存在と性質とを重ねあわせていた古代の状況と相似であるとは言えない。

性の差異は、女性を実際の受取人もしくは想像上の対話者として、思考が構築される場として使うことを怠らない哲学に奉仕する。デカルトとオーギュスト・コント、またディドロとシェリング。今日でも、『ソフィーの世界』[★15]が、哲学者によって郵便箱と見なされた少女を示している。もっともこの場合、少女の未来は個人的冒険へと開かれてはいるが。

性の差異は、性の差異という問題の外部の主題に奉仕する。たとえば中世末期、女性の魂をめぐる議論はうわべだけのものであり、それは対立する神学者間の真の論争に糧を与えるものだった。[★16]また、性の二元性は一九世紀、たとえばフォイエルバッハにより、三項からなる弁証法に対抗するために前面に押し出された。

しかし、「交換」という言葉は混乱を招きかねない。隠喩はなによりもイメージだ。いったい交換は何と何との間で行われるのだろうか。たしかに人類学の言語を用いれば、古代ローマのサビーネの女たちのように、女性は社会構造の中で交換される。この場合、女性は交換対象、男性主体間の交換対象であると語られる。フェミニズム思想は、一九七〇年代以来、人類学のこの要素を取り上げ、それを社会での女性の流通全体へと広げた。そして、リュス・イリガライはみごとな皮肉をもって、「もし〝商品〟が〝市場〟に行くことを拒否したら」どうなるのだと自問している。[★17]

ここでは、女性が交換対象であるとは言わない。なぜなら、第一に貨幣という言葉によって問題にし

★14 Louise Marcil-Lacoste, *La raison en procès*, Utrecht, HES Publishers, Paris, Nizet, 1986.
★15 Jostein Gaarder, *Le monde de Sophie*, Paris, Le Seuil, 1995〈ヨースタイン・ゴルデル、『ソフィーの世界』、池田香代子訳、NHK出版、一九九五年〉
★16 Cf. Bayle, *Dictionnaire historique et critique*, article «Gediccus (Simon)»

ているのは、女性たちではなく性の差異だからだ。したがって、交換「手段」という言葉の方が、媒介とごまかしという考えを同時に保つため、好ましい。交換貨幣という言葉は、交換対象という周知の現実との重なり合いの可能性をほのめかすだろう。しかし、「女性」という対象は、なんらかの啓示をもたらす隠されたものではない。貨幣はそれ自身として、交換の場、移動の場、つまり交換手段として思考されるべきである。交換の重要性はそれが行われるということにあり、交換が性の差異を、哲学的問題の決済のための手段とするのである。他のことに関して、もしくは他のことのためにというのが、哲学が行いうる性の差異の使用法なのだ。性の差異は役立てられ、哲学の役に立つ。最後に、貨幣という隠喩の利点は、それによって明らかにされる困難さにある。その困難さとは、男性と女性とのふたつの主体に発する言説の中の、媒介としての差異の機能に関する不確実さである。主体と客体との混同は、この問題に内在するものだ。これについては以下に見るとおりである。

「性の差異」という哲学対象に関する考察とはまったく異なる見地から、ピエール・クロソフスキーは、「生きた貨幣」[★18]について語っている。一九世紀に生じた情動と産業の分離を解消するため、さらには産業生産手段が情動に及ぼす「悪影響」という考えに反駁することをめざしてである。道具と模造品《シミュラークル》、価値と欲望を併置することで、「生きた貨幣」について、官能と産業のアナロジーが現実的であることについて、密度の高い考察が得られる。女たちを自分に買うこと、もしくは女で支払ってもらうこと、ここから領域の混乱の広大な場が姿を現し、問題となっているのが両性の一方と同時に両性である（「男性的貨幣《モネ・ヴィリル》」）という考えが常につきまとうのである。ともに、同時に、交換可能な形で。そうだろうか。（女）**性**と両性だけではなく性《セックス》（性的なもの《セクシュエル》）と両性が存在するという事実は、ジャン・ボードリヤールからジャン＝フランソワ・リオタールにいたるまで、自らを経済学への批判でありとどめの一撃であると位置づける記号の経済とリビドー経済についてのあらゆる考察に糧を与えてきた。ジャン・ボードリヤールは誘惑を犠牲にした「性の経済」をより首尾よく告発するため、性と生産の間にアナロジーを立て、「資本の心的な隠喩」について語る。★19 ジャン＝フランソワ・リオタールは「性別を超越《トランスセクシュエ》したリビドー経済学者」であろうと望み、形而上学と経済学批判に暇を出し、「リビドー的形成体と言説的形成体との間に著しい差異はない」と、「エロスはロゴスと折り合いよくできる」★20と主張している。これらの動きは現代的なものに関する思考と読解における性の重要性を明白に物語っている。しかし、おそらく性の差異の重要性をではない。もちろん男性が女性であったり、逆に女性が男性であったりするというわけではないのだが、ここでは誰の興味もひかない生物学的事実の彼方で、差異

★17 Luce Irigaray, *Ce sexe qui n'en est pas un*, Paris, Minuit, 1977, p.193〈邦訳、リュース・イリガライ、『ひとつではない女の性』、棚沢直子、小野ゆり子、中嶋公子訳、勁草書房、一九八七年、二五七頁〉

★18 Pierre Klossowski, *La monnaie vivante*, Eric Losfeld édi., Paris, 1970〈邦訳、ピエール・クロソウスキー、『生きた貨幣』、兼子正勝訳、青土社、二〇〇〇年〉

★19 Jean Baudrillard, *De la séduction*, Paris, «Folio», 1979, p.60-62〈邦訳、ジャン・ボードリヤール、『誘惑の戦略』、宇波彰訳、法政大学出版局、一九八五年、五二-五五頁〉

★20 Jean-François Lyotard, *Économie libidinale*, Paris, Minuit, 1974, p.36, 37〈邦訳、ジャン＝フランソワ・リオタール、『リビドー経済』、杉山吉弘、古谷啓次訳、法政大学出版局、一九九七年、四〇-四二頁〉

が現実にあるにもかかわらず、あたかも関与しないかのようにことが行われているのである。フェミニズム批評はそこにごまかしを見ており、そして実際、まるで両性間の非対称の諸問題（支配、不平等）は解決済み、さらには存在しないかのように手続きが進められているのである。快楽の流通が性の無差異化を保証するというのだろう。ここで私たちが意図するのは、現代的な問題が性の差異を、ある場所では経済学の言語の中で、別の場所では形而上学的文体の中で、どう使っているかをむしろ強調することとなるだろう。使い、活用し、利用する。これが性の差異の出現形態、その交換機能なのだ。

哲学に性の差異の排除はない。それは多くの形で存在する。それはそこから出発して思考が展開されるもの、それとともに思考が作り出されるものである。経験的差異もしくは役に立つ差異、いずれにせよそれは思考の中で作用している。しかし、思考の起源であり、思考における媒介ではあるが、性の差異は中和され、さらには回避される。性の差異は思考の対象ではない。

歴史と歴史性

無秩序は、哲学の空間、つまりテクスト内への無秩序の出現の地図を通じて考慮されるとともに、時間を通じて、西欧哲学のさまざまな時期を通じても考慮される。すると、時間の中で無秩序が常に同じ規則に従うわけではないことに気づかされる。そこから、性の差異を歴史に照らしあわせて考察するという私の仮説、理論的提唱でもあるこの仮説が生じる。単なる思想史という企てにおいてではない。そうではなくて、性の差異の歴史性を示すという野心を込めてのことである。そして、この歴史性とは、性的関係の本質的特徴としての歴史性、差異という事実の反自然的表象としての歴史性を指す。これは差異の思想を産み出すための鍵としての歴史性でもあるだろうか。そうだ。なぜなら、経験性と媒介との間には性的差異の無時間性という表象が滑り込むのが普通だからである。いつも相似で、時間を超えたものというのが差異を思考しないために差し出される論拠なのである。反対に、性の差異の歴史性を主張することは、差異が、歴史の中での男女の地位や立場の変化に、性関係の変遷に、つまりは単なる「社会文化的」偶然に還元できないあらゆる変化に左右されていると考えることを意味する。この無時間性という主張を論議して、歴史性という仮説を展開する前に、歴史を想起し、年表に光を当てる必要が、単に問題の背景を変えるのではなくものの見方を変える必要がある。

両性がけっして個別の論の対象とならないという事実に立ち戻る必要はない。プーラン・ド・ラ・バール、ジョン・スチュワート・ミル、シモーヌ・ド・ボーヴォワールはこの規則に反するが、彼らは、ひとつの目的、両性の平等を証明するという目的を追求していた。肝要な言葉、目的は平等である。しかし、私が行いたいのは、差異が指し示される哲学的な場を考察することなのである。

古代に関しては、場所は特定できる。アリストテレスにとっては、体系的であろうとする哲学構造が一見してこの問題を取り上げることを課している。各分野、形而上学、自然学、生物学、経済学、倫理学が少なくともひとつの段落を必要とする。「一**なるもの**」について書かれた『形而上学』の一巻は、性の差異の「対立」を無視してはいない。性的な再生産は『自然学』（II・9・200）にも、『霊魂論』（II・4・415）にも、もちろん『動物部分論』にも、『生成消滅論』にも不在ではない。社会生活、家族生活、夫婦生活はさらにこの哲学者を駆り立てる（『ニコマコス倫理学』、VIII・13、14、『政治学』、I・13、II・3）[★1]。アリストテレスはいわば体系的に知識の諸領域を横断し、この性の差異という対象を避けない。というのも、彼は、ジュリア・シッサがよく明らかにしているように、定義の問題から身をかわさないからだ[★2]。彼は性の差異という対象を論じはしないが、決して避けもしない。この意味では、アリストテレスはプラトンと変わらない。ただ、アリストテレスの例の方がより明白で体系化されているのである。古代の後では、古代ふうな体系の精神を実践するヘーゲルをおそらく例外として、性の差異の出現にこのような論理性が見出されることはまったくない。しかし、性の差異という問題のこのような理論的散乱状態は、体系の精神に拠ると思われるかもしれないが、というよりは実は思考がそれを課しているのである。つまり、性の差異はそれ自身として思考されず、また単に各領域（形而上学、生物学、経済学、政治学……）で避け難いのでもなく、合目的性の思考に従っているからなのである。アリストテレスが性の差異と出会うのは**存在**や**善**の分析のためにである。そして、思考の各場所で定義し、立場を取らねばならないのだ。

　これと比較すると、近代は驚くべき様相を呈しているように見える。既に見たように、デカルトは、哲学を求める女性たちと長く文通を続けながら、愛の問題を避けている。スピノザはある備考（『エチカ』[☆3]、III・2）、すなわち証明への付け加えの中で、女性における理性の欠如に触れ、また『国家論』では公的な事柄からの女性の締め出しに関する論証を未完のまま放置している。[☆4] 構成が緻密で堂々とした哲学の内部にこれほど些細な挿入しかないことを、問題回避と考えるべきなのだろうか。いやむしろ、哲学的なものの地位の大規模な移動を、つまり、「抽象的」な哲学的思考の台頭を、このような言い方

★1 テクストの真正性が不確実ではあるものの、『経済学』I、3、1343を付け加えよう。

★2 Giulia Sissa, «Philosophies du genre», in *Histoire des femmes*, L'Antiquité, *op. cit.* 〈邦訳、『女の歴史　古代1』、「性別《ジェンダー》の哲学——プラトン、アリストテレス、そして性差」、既出〉

☆3 スピノザ、『エチカ』上下、畠中尚志訳、岩波書店（岩波文庫）、一九七五年改版、一七三-一七四頁。

☆4 スピノザ、『国家論』、畠中尚志訳、岩波書店（岩波文庫）、一九七六年改版、一九〇-一九一頁。

が異様でないとすれば、性の差異を忘れるほど十分に観念的になった思考の台頭を見るべきだろう。

事実、一八世紀末まで、哲学者たちはほぼ全員もはや正面から性の問題を扱うまいと努めている。このことと平等という概念の登場とは無縁ではあるまい。実際、アリストテレスもプラトンも教父たちも両性の不平等を語るのを恐れたりはしていない。それはほとんど自然事象、もしくはひとつの目的に従う自然事象である。その証拠に、アリストテレスは奴隷制を正当化するについては、その自然性が不確かなため、戸惑いを見せるが、彼にとって女性の隷属は自明なことだ。近代において男性の支配を正当化する哲学的作業はより複雑になる。この点に関し、ルソーの例は私には非常に示唆的に思われる。彼は無秩序を作り出す名人だ。『社会契約論』は、未来の共和国における女性の場所については語らない。普通は、『エミール』五部における教育論こそが、彼の女性に関する政治思想の場所なのだと言われている。だが、ルソーがもっとも明白に女性にとっての公的空間と私的空間の再定義を説明しているテクストは『演劇に関する手紙』である。したがって、彼の哲学においても未来の民主主義にとってもこれが基本的テクストなのだ。しかし、無秩序が性の平等に敵対的な思想に属すると思ってはいけない。同時期、コンドルセの例は同様に示唆的なのである。一七九〇年、『一七八九年の社会誌』に発表された記事、「女性への市民権の許可について」を除けば、女性の権利の擁護で著名な彼の諸テクストは、『ニューヘーヴンのある市民の手紙』、『アトランティスについての断章』において、やはりついでのように現れたり、『地方議会の構成と機能についての試論』、『公教育についての五つの覚え書き』において、結論として現れたりするのである。このように、この時期、性の差異がどこに登場するかの探索は捜査に、追跡ごっこに似てくる。重要なテクストは期待される場所には見当たらないだろう。

また、平等の問題とは別に第二の理由も存在する。古代と近代を区分するに際し、平等の問題では結局不充分なのである。第二の理由とは情念に関する、個人における理性と情念の分離に関する議論である。かつては、人間の二項性、両性の区分は宇宙論と存在論に属していた。二項性は熱と冷、乾と湿等々、能動性と受動性に至るまで無限に変容しうる。イアン・マクリーンは、ピタゴラス派に由来するこの伝統がいかにルネッサンスまで続いているか示している。[★5] 古典主義の時代の人間が宇宙における自らの居場所を失い、自分自身の統一性を自力で回復するようになれば、両性の対立はもちろんもはや同じ形では表現されない。男性哲学者は自分の理性をすべての中心に置き、女性の理性に失格点を与えるが、それは古くからの二項対立の働きによってというよりは、他の形で、境界との関係という形で行われるのである。

女性の理性は自分自身に自分固有の境界を与えることができず、逆に、女性の情念は特有の規則に従属させられなければならない。いずれにせよ、近代的男性に固有の自己制御が女性には欠落しているのである。理性に関しては、プーラン・ド・ラ・バールが、身体と精神を分離するデカルトの二元論を用いて、いかにして「精神に性の違いはない」(『両性の平等について』、一九七二年[★6]) ことを認めさせよ

★5 Ian Maclean, *The Renaissance Notion of Woman, a study in the fortunes of scholasticsm and medical science in European life, op. cit.*

うと試みているか思い起こしてみることができる。実際、観念論が身体を忘れるのなら、観念論は精神の自立性の保証ともなる。しかし、彼の周りでは、全員がその反対のことを語っている。たとえば、フェヌロンは、『女子教育論』[☆7]（一六八七年）の中で、女性の理性の依存性を示そうと骨折っている。女性の理性は自立しておらず、脆弱で、境界がない。それは身体と社会に依存している。したがって、美徳の習得と行動の諸規則とに結びついている。一言で言えば、女性の理性はひとつではなく多数なのだ。

この結果、情念もまた境界を欠くのである。そのため、道徳教育が生じ、フェヌロンからルソーさらにその後に至るまで、女性に関する言説に糧を与えることになる。またそのため、道徳教育があらゆる場を占め、女性を知への到達と自分自身の理性の鍛錬から遠ざけるという事態が生じる。そういうわけで、ヒュームが（『道徳原理の研究』と『人性論』[★8]において）女性に貞節を押しつけようとやっきになるのも理解できる。女性の姦通が引き起こす父親の不確実さという、当時においてはとてもありふれた論拠のもとに、彼は、いわばコントロールされている男性の情念と、結果の予期できない女性の欲望との間に境界線を引くのである。「貞節に関して男性に課せられる責務については、世界の一般概念に従い、国家の法の責務が自然の法の責務に対して持つのとほぼ同様の関係性を、女性の責務に対して持つのだと指摘できよう。男性が性的快楽の欲望を満足させるための完全な自由を持つことは市民社会の利害に反する。しかし、この利害は女性の場合よりも弱いので、そこから生じる道徳的責務は、それに応じて弱いに違いない。[★9]」男性の義務と女性の義務の比率と言っているが、実態は、しきたり（国家の法）と自然との区別であり、構築に属する理性を持つ男性と自然から逃れられない女性との区別なのだ。

これらは一八世紀と一九世紀にさんざん繰り返された諸テーマであり、いかに男性がもはや世界を出発点としてではなく、自分自身を出発点として性の差異を思考しているかを物語っている。この差異の合目的性はもはや**存在**の中に見出されるのではなく、男性の中に見出されるのだ。一方では、男性は女性に対する自分の差異に関してはほとんど気にかけず、一七世紀には、とりわけデカルトとスピノザにおいてそうだが、性の差異を思考することが回避されている。他方、理性的男性は、自然に従属しているという烙印を押して女性を周縁化する。ヒュームとルソーは、まるで自然に関して語るように女性に関して語っている。つまり、支配すべきなのだ。まるで自然に関してのように。ここにあるのは類推《アナロジー》であって、類似《シミリチュード》性ではない。そう、「のように」を保持しよう、フェミニズム的読解がしばしば完全な重なり合わせに還元してしまう「のように」を。

そして、これらの哲学者たちは女性について、こう言っていいなら、はばかることなく語るのである。

★6 le Corpus des œuvres de philosophie により再版、Paris, Fayard, 1984〈邦訳、フランソワ・プーラン・ド・ラ・バール、『両性平等論』、古茂田宏、今野佳代子、佐々木能章、佐藤和夫、仲島陽一訳、法政大学出版局、一九九七年、六四頁〉

☆7 邦訳、フェヌロン、『女子教育論』、志村鏡一郎訳、明治図書、一九六九年。

★8 邦訳、ヒューム、『道徳原理の研究』、渡部峻明訳、理想社、一九九三年、『人性論』、(一-四)大槻春彦訳、岩波書店(岩波文庫)、一九四八-一九五二年。

★9 David Hume, *Traité de la nature humaine*, liv.III, 2e partie, sect. 12〈ディヴィド・ヒューム、『人性論(四)』、(第三篇、第二部、「第十二節 貞操と謙譲とに就いて」) 大槻春彦訳、岩波書店(岩波文庫)、一九五二年。

デカルトとは逆に、ヒュームは情念に関する自著の中でためらうことなく「愛の情念もしくは両性間の愛」について論じている。わずか三ページではあるが、その中で彼は愛の情念の諸要素を分解しようと努め、とりわけ自分の分析がどう自分自身の哲学体系と一致するか、その証明となるか述べようと努めている（二篇、二部、11節）[☆10]。ルイーズ・マルシル＝ラコストは、「女性に関する」一節と著者の哲学的原則それ自体との整合性という、私たちの話題にとって認識論的に重要なこの点を強調している[★11]。哲学的思考と女性についての所見との間に機能上の断絶はない。そして哲学者たちの女嫌いの「愚言録」が彼らの思考全体から切り離されるべきものかどうかは確かではない。

彼らは女性についてはばかることなく語るが、肯定的で明晰な言説を産み出しはしない。女性の資格剝奪は遠回しに行われるのである。もはや性の差異とそこから派生する不平等を「誇示する」ことはできない。不平等は人が気づかないように導き出されなければならない。ルソーも、ヒュームも、調査を行ったうえで、女性の全体的表象を再構成し、とりわけそこから実際的な結果（女性の社会的自由の欠如は言うまでもないが、特に政治からの女性の締め出しと女性の知的活動への低い評価）を引き出さなければならない。これ以降は、テクストの中における性的差異の出現を見るのはジグゾーパズルを組み立てるような作業となる。閉じられた世界から無限の宇宙への移行という、近代の特徴に関するよく知られたイメージはここではあまり適切ではないだろう。私はむしろ合目的性を持った世界から方向を見失った空間への移動であると言おう。当惑が確信の後を継いだのである。というのも、平等という問題も、人間の理性という問題も、性の差異の定義に穏やかに付き添うことはできないからだ。性の差異には、不平等、隷属、男性の支配といった観念がより自発的に結びつく。両性の平等と両性の自己同一性（ふたつの異なる概念）は居心地を悪くさせる。

作り出すべきイメージも合目的性もないジグゾーパズルであり、とりわけ言説の諸レベルの無秩序がある。カントの例は代表的である。一方では、彼は古くからの慣行を尊重しており、『人間学』においては差異の分類のモデル（人種、性、民族）に従い、『法論』[☆12]においては夫婦、家族における女性の隷属の諸規則を表明している。他方では、彼は自分の論証の中で、先入見、さらには詭弁を操り、美と崇高さとの差異を男女の差異を通じて具体化する（『美と崇高さの感情についての考察』）。したがって、一方では、彼は性の問題が現れる場所の古代の分類を尊重しており、他方では、もはや単純な論理には従わず、それとは逆の諸原理に絡めとられている（「明敏さ」の章を参照せよ）。彼は夫婦の理性と欲望の相互性を望みながら、結論ではそれに反し、夫への妻の隷属を再び表明する。彼は人間学において両性の類似性を述べた後で、それを破棄し、性を専ら女性とする。伝統に組して書かれたテクストにおける論理の欠落（『人間学』と『法論』）と、予期しない場所、美学における侮蔑的な差異化。ここに無秩序がある。とんでもない場所で両性間の差異の定義が表明されるのである。

☆10　ディヴィド・ヒューム、『人性論（三）』、（第三篇、第二部、「第十一節　戀情すなわち両性間の愛情とに就いて」）大槻春彦訳、岩波書店（岩波文庫）、一九五一年。
★11　Louise Marcil-Lacoste, *La raison en procès, op. cit.*
☆12　邦訳、『カント全集第11巻』、吉澤傳三郎、尾田幸雄訳、理想社、一九六九年。

これ以降、性の差異が出現する場所は予期できなくなる。一九世紀にはあらゆることが可能になる。ヘーゲルは古典的な場を尊重した最後の人物だ（『エンチクロペディー』、『法の哲学』……）。彼の後では、両性の平等という観念の実践化と形而上学の衰退の始まりとともにすべてが変わる。

これが現代への移行である。両性の平等という問題は、民主主義の創始とともに、市民権の定義に投げかけられた影だ。しかしながら同時に、哲学は存在論のレベルで性的差異の二元性を使っているのである。今後は、政治と形而上学とのふたつの領域がお互いに錯綜し、無秩序を先鋭化することになる。一八〇〇年（「断絶」の時期）以降の新しさがここに、現実の女性と形而上学的性との二領域の混交の広がりにある。

現実の面では、両性の平等という問題はもはや無視できない。解放の思想家たち、政治哲学者たちは、フーリエからジョン・スチュワート・ミルを通ってマルクスまで（プルードンを除いて）女性の自由、解放もしくは平等を定義しようと努めている。論争は明白なものとなり、対決も堂々と行われる。常に可視的でないとしても。たとえば、ジョン・スチュワート・ミルとオーギュスト・コントは、オーギュスト・コントが両性の不平等を擁護したため、決定的に不和となる。これは、書簡によって明らかにされるものなので、公的な不和ではない。しかし、他の場所、政治の領域以外でも、哲学者たちは女性の解放に賛成か反対かの態度を取る。だが、これは常についでに、他の事柄が論じられている過程で、もしくは手短な発言の中でなされる。キルケゴールは女性の解放について、公の広場で彼に涙を流させせうるほど「忌まわしい言論」と語る。[★13] 逆に、ベルクソンはこの不可欠な解放を歓迎し、ジョン・デューイの側につく。[14] デューイは女性の解放に民主主義の完成と民主主義改良の手段とを同時に見ているのである。

しかし、フェミニストやアンチ・フェミニストという立場を取ることが女性の現実に関する考察のすべてではない。この考察は（一九世紀において中心的なものである）家族に関する、さらに多くは結婚に関する思考の中にも見られる。キルケゴールからニーチェまで、空想的社会主義者から初期の社会学者まで、この世紀にあって、いったい誰が結婚について語らなかっただろうか。個人と主体の台頭という表象を通じて、また家族と国家を結ぶ社会的きずなの再構成を通じてなされる歴史的説明は妥当である。しかしそれで十分ではない。結婚の問題は二元性の、カップルの、同一者と他者の問題である。そこから、この世紀のふたつめの領域、性と形而上学が出会う場が生じるのである。

すでにヘーゲルが法哲学とは別の場所で「性的な差異化」を考慮に入れている。『哲学的諸学問のエンチクロペディー』の三つの部、論理学、自然哲学、精神哲学が「性的関係」を扱っているのである。そこからヘーゲルが引き出すことのできる利点全体は想像できる。同一者と他者の働き、他者の中に自己を認めること、媒介を通した結合等々、弁証法の配置で中心的なテーマすべてである。ジャック・デリダは、ヘーゲル哲学における性の隠喩の中心的な重要性を強調し、この隠喩を止揚そのもののイメー

★13 Sören Kierkegaard, *Ou bien... ou bien...*, Paris, Gallimard, 1984, p.577〈邦訳、「あれか―これか」、『キェルケゴール著作全集　第2巻』、渡邊裕子、近藤英彦、大谷長訳、創言社、一九九五年、四二七頁〉

★14 John Dewey, *The middle Works, 1899-1924*, vol. 6, Illinois University Press, 1978, p.153.

ジとまですることになる。★15 ところで、ほどなくして弁証法批判のるつぼとなるのがまさにこの性の差異の二なるものという隠喩、対立するふたつの極（ひとつでも、みっつでもない）というイメージである。フォイエルバッハ、ショーペンハウアー、ニーチェとともに、性の差異はヘーゲル的観念論の批判に役立つようになるのであり、性的差異の二なるものにより、身体の結合の肉により、この後**歴史**を**存在**の場とする種の生成により、形而上学が脱構築を始める空間のひとつとなるのである。二なるものが弁証法の三なるものに取って代わり、肉が観念の天空をしかるべき位置に置き直し、生殖と性的淘汰が時の幾重にも重なった無限へと開く。他のどんな世紀も決して哲学の中でこのような場所を性の差異に与えたことはなかった。しかし、それでも哲学素は現れない。おそらく、差異がここでは明らかにそれ自身とは別の目的のために使われ、哲学的論証の内部で操られているからだろう。貨幣、交換手段。この思考実践についてはもう少し後で論じよう。

それで、二〇世紀はどうなのだろう。二〇世紀においては、現実の女性は哲学の領域の外側で、「人文科学」の空間、社会学、精神分析、人類学において考察される。このことがおそらく現代哲学者の極端な中立性を説明するのだろう。概して、現代哲学者は性の問題が哲学にいったい何をもたらすのかなど分かりもしない。そして、性が他の場所に「片づいた」今日、この無縁さという感情がとりわけ強いということはありえることだ。平等の実現に連結された実践の場である政治もまた後を引き継いでいる。そこで、哲学者は性の差異の理論については人文科学に、一九世紀の思想家たちによって表明された平等の実現については政治的実践に差し向けるのである。

しかしながら、それでも形而上学的性は、ハイデッガーにより保たれた距離にもかかわらず[16]、彼以後、性関係から完全に抽象された男性的なものと女性的なものという思想に取り入れられている。実際のところ、ニーチェは故意にすべてを、真理の隠喩としての女性、男性的なものと女性的なもの、解放された女性たちといっしょくたにしていた。彼以後は、領域は最終的に分離され、ポストモダン思想はもはや現実の女性たちに興味を抱かなくてもいいことを幸いとしている。おそらくゲオルク・ジンメルがこの分離の責任者のひとりである（一一三頁を見よ）。これはもちろん現実の女性たちの不利益となる分離である。というのも、混同は存続しているからである。フランソワーズ・コランは「女装の哲学者」、つまり自分の性的同一性と戯れて、女性的なものを自分の利益となるべく取り込む男性について語っている[17]。おそらくデリダは、形而上学が終焉を迎える現代哲学のこの傾向の代表者である。こうして形而上学はそれが始まった場所、男性的なものによる女性的なものの横領の中で、男性哲学者による女性的なものの悪魔払いの中で終わりを迎えるのだろう。実際、哲学の誕生に関し、これがニコル・ロローの仮説であることを思い起こそう。今日、異なるのは、フランソワーズ・コランが実に明晰に示し

★15 Jacques Derrida, *Glas*, Paris, Denoël-Gonthier, 1981, p.155.
★16 しかし、ハイデッガーの沈黙と言われるものに関するデリダの『プシシェ』でのコメントを参照のこと、«*Geschlecht*, différence sexuelle, différence ontologique», Paris, Galilée, 1977.
★17 Françoise Collin, «Le philosophe travesti ou le féminin sans les femmes», *Futur antérieur. Féminismes au présent*, Paris, L'Harmattan, 1993.

ているように、どんな哲学者も問題の存在論的次元とともにある政治的次元を知らないはずはないということである。そして、ユートピアは、「両性が存在論的には決定不能であることと、社会組織においては両性が実際に二元化されていることとを同時に思考すること」（P. 213）なのだろう。

しかし、それでも政治的考察は残っている。そのもっとも明白な表現は、結婚と家族、女性労働と政治生活への女性参加の定義を党のドグマに任せてしまったマルクス主義の遺産の中にではなく、フランクフルト学派の思想の中にある。人間のオスと男性的精神とに固有の、支配全般の、西欧の抑圧的理性の分析であるこの政治哲学は、女性原理を文明における抑圧されたものとし、女性の表象である自然を支配における思考されないものとする。全体的に、この考え方の中には請求不受理のようなものを見ることができる。性の差異はもはやごくまれにしか現実を参照しないのである。『啓蒙の弁証法』[☆18]直後のホルクハイマーのテクストがその証拠となるだろう。その中では、激烈な反フェミニズムが支配のあらゆる分析を棄却しているように思われる。女性の解放が模倣、「抑圧者への同化」[★19]であるなら、皆が、エロスも含めて破滅してしまう。「女性がもはや召し使いになる必要のない現在、女性は愛されるものであるという能力を失ってしまう」（同上、P. 58）というのである。

新たな出来事（留保つきだが）[★20]は現実の女性たちが自分自身哲学に参入することである。女性哲学者たち、ハンナ・アレント、シモーヌ・ヴェイユ、そして性の差異を思考する女性たち。ここでは、性の差異を思考する女性たちが注意を引きつける。というのも、性の差異を思考するためには、形而上学に立ち戻り、精神分析を再び取り上げる必要があるからだ。サラ・コフマンとリュス・イリガライが、男性哲学者による女性的なものの横領をあらわにする展望を開いた。フロイトとニーチェが交差する地点に、サラ・コフマンは哲学の「女性になること《ドゥヴニール・ファム》」を構築する。断絶を作り出したこのふたりの作者――ニーチェは形而上学を終わらせるために性の差異を使うことで、フロイトはセクシュアリティと性的差異から出発して理論の世界を構築することで――を強調しながら、サラ・コフマンは男性的支配の現代的な場を指し示す。彼女の独創性は現代哲学者たちを前にして、逆向きの立場を取ることにある。つまり、形而上学を脱構築することは、性的差異の脱構築のためにのみ意味を持つのである。それに対し、ドゥルーズやデリダにとって、哲学の「女性になること《ドゥヴニール・ファム》」は自分の哲学的進展における戦略、一時的段階でしかない。女性の問題はある徴候の、ある哲学的問題の場、もしくは女性と形而上学が交じり合う、ある通過点である。「ドゥルーズにとって、ある時期、〝女性になること《ドゥヴニール・ファム》〟は論戦的な概念、自分自身を形而上学者に見せないためのひとつの手法であり、形而上学に反論するためのひとつの手法だった。[★21]」

リュス・イリガライは形而上学と精神分析のふたつの領域に、まったくラディカルなやり方で介入す

☆18 邦訳、ホルクハイマー、アドルノ、『啓蒙の弁証法』、徳永恂訳、岩波書店、一九九〇年。
★19 Max Horkheimer, *Notes critiques*, Paris, Payot, 1993, p.29.
★20 Cf. *A History of Women Philosophers*, édité par Mary Ellen Waithe, *op. cit.*
★21 Sara Kofman, «La question des femmes: une impasse pour les philosophes», in *Provenances de la penseé. Les Cahiers du Grif*, no. 46, Paris, Tierce, 1992〈邦訳、棚沢直子編、『女たちのフランス思想』、サラ・コフマン、「女の問題、哲学者の袋小路」、芝崎和美訳、勁草書房、一九九八年、一三〇頁〉

る。彼女が語るところでは、[22]『検視鏡』において彼女は諸テクストを逆向きに取り上げ、フロイトから始めてプラトンで終えている。形而上学の秩序を逆転させるためではなく、乱し、変質させるためである。ラディカルであるというのは、サラ・コフマンが徴候を見出した場で、リュス・イリガライは西欧形而上学の「解釈」を提出できる〈プラトンのustera〈子宮〉としての洞窟、形而上学の模範的メタファーとしてのustera〈子宮〉[23]〉と考えているからである。ラディカルであるというのは、リュス・イリガライの哲学的企図は、男根的な法から逃れた、あの他の場所を探求することだからである。

性の差異の哲学の歴史に関するこのような素描は、作るべき歴史、性の差異の「思想史」のどんな計画も打ち立てはしない。思想史という概念がそれ自体批判の余地のあるものだからではない。ただそれでは不十分であり、単なる準備段階でしかないからだ。男女の差異のようにア・プリオリに非歴史的であると、自然的経験的事実であると思われるものの歴史を証明することは、主題的で分析的な年譜だけから成るものではない。歴史性を考察することは、諸表象の歴史から歴史の表象への移行を必要とする。歴史の表象の中で、性的に差異化《セクシュエ》された主体と両性間の関係は、人類全体に固有の、思考と活動の産出に組み入れられているのである。

前章では経験性の中に閉じ込められた性の差異にはなにか思考不可能なものがあることを強調した。それにもかかわらず哲学的テクストへのこの差異の出現とその出現の様態——もっとも下品なものからもっとも洗練されたものまで——を割り出すことを提唱した。そして前章では、貨幣、つまり思考の作業における交換と置き換えの場である「性の差異」という対象の流通という結論に至った。この第一の手続きは確認の段階であろう。そしてこの確認は、差異に関する思考が排除されているというよりは存在していることを示し、テクストに書き込まれる様態を示し、哲学の伝統の読解の重要性を強調することにより、ネガティブではなくポジティブなものである。これは諸思想や諸テクストに避け難く分散している「性の差異」という対象を再構築するための最初の手続きであるが、必然的にその後がない段階でもある。出現状況の無秩序は秩序に変えることはできないのだから。

だからこそ、性の差異の歴史性を措定することは、まったく異なる作業仮説なのだ。それは計画作成的であろうとするひとつの方法を指し示すこと、哲学的提唱を述べることである。というのも、性の差異の歴史性を主張することは、性の差異を思考するために開かれるひとつの道だからだ。実際、生物学的社会的事実の経験性の外側に出ることは、両性間の関係の時間性が歴史の中に書き込まれていると仮定することに存する。おそらく「女の時間」[★24]はある。両性間の関係の時間性は多分ある。

経験性は、そこから差異が思考されるもの、もしくはそれとともに差異が思考されるものである。しかし、経験性は差異の思考をもたらしはしない。そこから、歴史的素材を出発点とする考察としての歴

★22 Luce Irigaray, *Ce sexe qui n'en est pas un*, *op. cit.*, p.67〈邦訳、『ひとつではない女の性』、既出、八一-八二頁〉

★23 Luce Irigaray, *Speculum de l'autre femme*, Paris, Minuit, 1974.

★24 以下の文献を参考のこと。Julia Kristeva, *Les nouvelles maladies de l'âme*, Paris, Fayard, 1993〈この著作に収められている論文「女の時間」に関してはJ・クリステヴァ、『女の時間』（棚沢直子、天野千穂子訳、勁草書房、一九九一年）の中に訳出されている〉

史性という仮説が生じる。そこから、近年、女性史によって占められている重要性が生じる。歴史の中での性的差異の諸表象の豊かさに立脚し、人類学的な諸不変要素に関する考察の不十分さを確信し、この歴史は事実と表象の双方における多様性を請け合ってくれるのである。『西欧女性の歴史』[★25]五巻を読むと、ひとつの領域が開かれ、ひとつの展望が与えられる。しかし、それでも、歴史は歴史性を証明しはしない。というのも、結局のところ、歴史二五世紀にわたる支配の恒常性は人類学的不変要素に類似し、非対称性としての差異は両性間の関係のあらゆるヴァリエーションを凌駕しているからだ。歴史とは同一者の歴史、つまり非時間性のもうひとつの表現なのだろうか。しかし、まさに、歴史性は歴史という観念を超えるのであり、歴史的存在の表象を意味するのである。たとえば、エリザベト・G・スレジエフスキによる『フィガロの結婚』への言及[★26]は陰画としてその一例となる。主人‐召し使い間の闘争が直接的に歴史的コンテクストの中で読まれる一方、男女間の闘争は歴史の枠組みから逃れるように見え、永遠で、非時間的であるように思われる。女性の権利要求は召し使いの権利要求よりも現代的であるように見える。どうしてこのようなことが可能なのだろうか。両性間の関係の非時間性ということの一般的で執拗な考えをどう理解すればいいのだろうか。逆に、歴史を考察することは、女性もまた歴史を作り、歴史の主体であるということの確認を超えて、ひとつの知を可能にするのではないだろうか。

諸表象の歴史は最初の考察を可能にする。歴史性という仮説は、諸表象の歴史から歴史の表象への移行を提唱し、二重の置き換えを行う。それは現実の歴史の当事者であり、かつ思考する個人でもある女性たちを歴史の主体の位置に置くことにより、性的に差異化された《セクシュエ》主体一般の重要性を示す。またそれは、諸不変要素に関する批判的作業、非時間性のメカニズムの解体を通じて、性の差異に関して可能な知を導き出すのである。

先ほど提出した歴史の簡単な素描はおおまかな目安でしかない。目安であるというのは、その意義が第一に、出現状況の無秩序を超えて、意味を生じる空間を示そうとすることにあるからである。言ってみれば、哲学史における性の差異の相次ぐ諸表象は哲学史自体に呼応している。平行するように。つまり、一方が他方の反映というのではなく、ここにあるのは、動きの関係性なのであり、その動きの中では性が哲学的な問題に付き従っているように思われる。逆に、科学史が哲学を挑発するように、女性史は哲学者の反応を引き起こしもする。最良の例は（しかし、これを例と言えるだろうか）平等、両性の平等という思想である。解放運動は必然的に哲学の中に入り込むのだから。こうして、歴史性は二重である。歴史性は哲学自体によって、またそれがさまざまな時期に与える思考の諸条件によって姿を現す。またそれは歴史自体の現実とともに作り出される。

この最後の視点から、歴史性という仮説は具体的に練り上げられる価値がある。どのような指示対象から出発して歴史性について語ることが可能なのか理解するため、事件と情勢、断絶と年譜という概念を取り上げながら。指示対象には、短期的中期的な政治的指示対象（抑圧と支配、平等と不平等の間の

★25 *Histoire des femmes en Occident*, sous la direction de Georges Duby et Michelle Perrot, *op. cit.* 〈現在、邦訳（『女の歴史』、既出）は、五巻（邦訳では一巻が二冊に分かれるため十冊）のうち、「古代II」を除くすべてが刊行されている〉

★26 Élisabeth G. Sledziewski, *Révolutions du sujet*, Paris, Méridiens-Klincksieck, 1989, chap.2.

動きもしくは弁証法）と、より長い期間に結びつけられる――常にそうとは限らないが――人類学的指示対象（種の再生産から男性的なものと女性的なものの想像的象徴的表象まで）がある。歴史におけるふたつの重要な点は、ひとつは潜在的な平等の台頭による政治的なものであり、もうひとつは生殖のメカニズムの発見（排卵、遺伝……現代における生者の統御まで）による科学的なものだからである。

そうすれば、非歴史性という主張は請求不受理という行為を伴わずに取り上げ直されることが可能になるだろう。そうして、非歴史性という主張は性の差異の概念化が不在であることの説明になっているのだということが分かるだろう。実際、哲学素が欠如しており、性の差異に関する言説が常に断片的なのは、両性が自分自身の表象の中で自分自身から逃れてしまうからなのだ、永遠に男性的なものと女性的なものを描写する場合以外には。このような非時間性にもまた立ち戻らなければならないだろう。

したがって、性の差異の概念化は逆説を引き受けることで成されることになるだろう。新たな概念の案出によってではなく、歴史性を主張することによって。概念の特性は非歴史的であることなのに、歴史を頼むことによって。

以後の章は、歴史性に関するこの探求を表している。

断絶

歴史性の論証の外部で、哲学の伝統は時間上の目印を与えており、それらはそのまま概念上の目印でもある。たとえば断絶である。意味を成し、考察の所与を変える断絶というものが存在するのである。一八〇〇年代の断絶は周知のものである。政治的であると同時に文学的でもあり、革命という問題の中にあるだけに、典型的な断絶である。この断絶の象徴的な性質が、それに先立つ、またそれに続く断絶の想起を、ほかにもありうる断絶の強調を妨げてはならない。以下に続く例は近代の中から取り上げたものだが、おそらく他の例を、別のところから、たとえば中世から取り上げることも可能だろう。

一七〇〇年、新たな考え、両性の平等という考えが有効なものとなる。この考えは次の世紀にならないと操作性を持たないものの、すでに存在していた。モンテーニュの「精神的養女」であるマリ・ド・グルネとデカルトの読者であるプーラン・ド・ラ・バールの間に、一七世紀初期とその世紀末との間に。一六二二年、マリ・ド・グルネは『男女の平等』を出版する。男性か女性かの優越を扱って一四世紀以来出版されてきたたくさんの小冊子により続けられてきた論争、「女性論争」が終わろうとする時にあって、このタイトルは新しい。「女性の味方をする人々の多くは、男性たちが自分自身に与えるあの高慢なえこひいきに対して、全く同じようにやり返す。というのも、彼らはえこひいきを女性の方へと送り返すからだ。私はといえば、あらゆる極端を避けるので、女性を男性と平等にするだけで満足する。自然もまたこの点に関しては、優越性にも劣等性にも同じく反対しているのである。[★1]」『男女の平等』、タイトルが新しい。それに添えられた論証はそれほど革新的ではないが、そのことは重要な問題ではない。実際、マリ・ド・グルネの本の中で、平等は、否定的な方法で、つまりどちらかの性の劣等性や優越性に関する論議を拒否することによって表されているのである。一七世紀末、『両性の平等について』（一六七三）の中で、プーラン・ド・ラ・バールの論証はまったく異なったものとなる。彼の言説は肯定的なのだ。彼によれば、どんな考察でも掘り下げていけば、両性の平等の確認という結論がもたらされるのである。こうして、第一部の副題がつけられる。「ここでは、通俗的な意見は偏見であること、男性の行動と女性の行動に見られるものを私欲なしに比べてみれば、両性の間に完全な平等を認めざるをえないことが示される」。実際、彼の本は主張するだけに留まらず、論証する。彼は、男女間での本質と長所の比較を捨て去り、平等という「直感《サンチマン》」を掘り下げ、そうして平等への「権利《ドロワ》」という結論に至るのである。直感と権利というのが、概念の抽象性に内実を与え、豊かにするふたつの言葉なのである。

ところで、両性の平等という直感（それだけでは十分な論証にはならないが）はフェミニズム的弁論の外部にも見出される。ほぼ同時期に、政治的考察が、相互性という概念によって両性の平等に有利となる契約の思想を導入しているのである。ロックはフィルマーに反対して、父権と王権の混同を拒む。

それゆえ、彼は父権を強化することを強いられずに王制を思考することができるようになる。こうして、彼は父権と母権の対等性と相互性を主張し、伝統を批判する。「……父権という言葉は、あたかも母親は何の分け前にもあずからないかのように、子どもに対する父親と母親の権力すべてを父親のみに与えるように思われる。しかし、理性や啓示に照らしてみれば、父親も母親も平等な権利と権力とを持つことが分かるだろう。[★2]」この考えは新しいとお気づきになるだろう。父親と母親の平等、あまつさえ単なる親子関係を超えて彼らの権力の平等を主張することは、父権制の古典的伝統と根本的に袂を分かつことである。もっともだからといって、そこから家庭における権力の行使の平等が導き出されるわけではない。「統治する権利は自然に夫の権限であるのだから」。しかし、親権の平等という宣言と最終的な父権の優位の陰で、これもまた新しい契約という概念が登場している。婚姻において男女の契約は相互性を伴う。そして相互性とは平等の一形態でもある。「夫の権力は絶対君主の権力とは著しく異なるものなので、いくつかの場合、自然権もしくは彼らの契約がそれを許す時には、妻は夫と別れる自由を持つ。そして、この契約が自然状態の中で彼ら自身によってなされたか、彼らの生きる国の習慣と法に従ってなされたかは関係がない。[★3]」契約による平等というのは真の概念的断絶である。この抽象的平等が、不

★1 Marie de Gournay, *Égalité des hommes et des femmes*, publié par Elyane Dezon-Jones, *Fragments d'un discours féminin*, Paris, José Corti, 1988, p.113.
★2 Locke, *Traité du gouvernement civil* (1690), chap. 6, Paris, Flammarion, GF, p.181〈邦訳、ロック、『市民政府論』、鵜飼信茂訳、岩波書店（岩波文庫）、一九六八年、五六頁〉

平等をもたらす非対称性に伴われていることにより、概念的断絶が政治的断絶となることは妨げられている。

こうして、性の差異を思考するための平等という概念の導入と、両親間また夫婦間の相互性と契約という観念の登場とともに、表象の新たな台座が可能になる。

一八〇〇年代にはさらにはるかに重要な断絶が認められる。性の差異に関して、この時代はおそらく典型的な断絶を成している。後続の章で、その後の哲学的テクストにおけるこの断絶の効果を論じる前に、問題の変容の広がりを示しておかなければならない。実際、断絶は多重であり、政治的かつ文学的でもあれば、科学的かつ象徴的でもある。以下に続く分析は、フランス革命という政治空間および「サドとフーリエ」という文学空間において、フランスで成された断絶に関するものである。ドイツ・ロマン主義もまた同じくらい考察の展望を与えてくれるだろうことは言うまでもない。★4

平等主義の訴訟手続き

フランス革命が結果として女性の生活に何をもたらしたかは知られている。政治的表象が、男女とも歴史の行為者であるという社会的地位から始まって市民権の要求に至るまでの政治的表象が、出現すると同時に、両性の平等の実現をほとんど気に掛けない「排他的民主主義」によって妨げられた。たしかにフランス革命は女性の歴史においてひとつの断絶を成している。というのも、両性間の紛争が政治的に解決しうるという考えが現れるからである。そのうえ、運動自体は一八三〇年以降にならないと形を成さないものの、フェミニズム運動、つまり抑圧状況の集団的自覚の誕生はこの時期に位置づけられる。

しかし、政治的事件を越え、断絶は修辞学的である。紛争、誤解、「両性の戦い」は当時新しいことではない。それに対して新しいのはその表現形態なのである。『理性の女神』★5は、どのように一八〇〇年代が論争《クレル》という形態での紛争の表現から訴訟《プロセ》という形態での紛争の政治的な文彩《フィギュール》への移行を示しているか分析している。論争というのは、ルネッサンス期と古典主義の時代初期の**女性の恋人論争**がそうであったように、反復的な形態であって、そこでは男女双方の長所の評価が繰り返し語られるのである。論証されるというよりは多くの場合断言される秀逸性は、男女どちらかの完璧さを語るためというよりは、ヒエラルキーを、上下を表す価値の尺度を尊重するためのものである。このような枠組みの中で、平等という考えが何を狂わせるかは想像がつく。価値の尺度は意味を失い、両性の自己同一性の表象は新たな表現手段を導入する。論争の後に訴訟手続きが、裁判の論法が、訴訟の修辞学が続くのである。

★3 *Ibid.*, p.203〈邦訳、同上、八四―八五頁〉

★4 以下の文献を参照のこと。Friedrich Schlegel, *Lucinde* ; l'*Athenaeum*〈邦訳、「ルティンデ」、「アテネーウム断章」、いずれも『シュレーゲル兄弟』（『ドイツ・ロマン派全集 第12巻』）、平野嘉彦、山本定祐、松田隆之、薗田宗人訳、国書刊行会、一九九〇年〉および la «Lettre sur la philosophie» adressée par Friedrich Schlegel à Dorothea, in Philippe Lacoue-Labarthe et Jean-Luc Nancy, *L'absolu littéraire*, Paris, Le Seuil, 1978.

★5 Geneviève Fraisse, *Muse de la raison. Démocratie et exclusion des femmes en France*, Paris, Gallimard, «Folio», 1995.

プーラン・ド・ラ・バールは両性の平等を表明するのと同じくらい明晰にそのことを予告している。すなわち、男性は、渦中にありながら両性の戦いの解決について考察しうる「判事にして訴訟の当事者」[☆6]として呼び出され、姿を現しているのだ。訴訟が具体的な形を取る典型的な場面は、「女性に識字教育を禁止することに関する」、シルヴァン・マレシャルの架空のものではあるが真剣な法案から生まれる。ふたりの女性が彼に答え、彼女たちのテクストはこのような法案に反撃するために可能なふたつの立場──ひとつは穏健な、ひとつはラディカルな──を代表している。これらのテクストのやりとりは革命の直後に起きたものであり、法的審理というイメージが両性それぞれの長所に関する口論の後を引き継いでいるのである。訴訟というのは、価値の対立する一対という単純な立場が超えられ、理論的対決の中でいくつかの立場が登場していることを示している。これ以降、平等はもはや単なる意見とか、直感の承認とかではなく、それは権利の問題、権利の拒否もしくは要求の問題となるのである。

両性の不平等を告発したり、その平等を証明したりするのを可能にする司法手続き、訴訟は、スチュアート・ミルが議論の困難を説明するために前面に押し出す強力なイメージである。性の差異がもはや価値の問題だけではなく、男女の平等な権利か異なる権利かの問題でもあることを、訴訟が意味するのなら、訴訟は新たで強力な考え、「両性の戦い」に可能な解決策という考えをもたらす。おそらく近代の紋切り型とは逆に、女性の権利要求、フェミニズムは紛争の悪化ではなくその終結を想定しているのである。そして、この紋切り型が存在しているのは、それが訴訟手続きの最初の時期、男性支配や不平等などの告発の時期を参照しているからなのである。

その一方で、こうして両性の紛争は社会的領域を変えた。古典主義の時代の論争はそれを公的事件としたのだったが、フランス革命以後、紛争は政治的事件となるのである。

一八〇〇年代には政治的断絶が導入される。両性の平等はいくつかのテクストを理解するための鍵となる。一七世紀に急に再浮上したこの考えが一八〇〇年以降は思考の作用素になるという事実を強調しなければならない。両性の平等は密かにであれ、華々しくであれ、政治論議に、また哲学的主張に作用するのである。したがって、ジャック・ランシエールが、「夫婦関係が政治的な場となりえたのは、単にそこで権力関係が働いているという事実によってではなく、女性が共同体へ参画する能力があるかどうか争われた際に夫婦関係が議論されたためなのである」[7]と指摘する時、彼は私的空間を、政治に、平等という考えに新たに影響される場として名指しているのである。性の差異の歴史性はここに、歴史のある時点における、両性間で賭けられているものの置き換えの中にある。最後に、両性の平等という政治的展望には概して近代性と性とを交差させる分析が欠けていることに気づかれるだろう。文学的断絶に関しては別個に、両性の平等の現実的（理論的、実践的）問題の侵入は参照せずに論じることが好まれているのである。

☆6 Poullain de La Barre, *op. cit.*, p.52〈邦訳、既出、五五頁〉

★7 Jacques Rancière, *La mésentente*, Paris, Galilée, 1995, p.56 et p.66.

サドとフーリエ

文学的断絶は、象徴的断絶、事件後の断絶でもあり、歴史のエクリチュールの中で表現される。こうして、フーリエはなによりもまず文学的な作家となる。文学的断絶は「サドとフーリエ」の間、フランス革命前と革命後の間に起きる。「サドとフーリエ」はモーリス・ブランショにより、ピエール・クロソフスキーにより、ロラン・バルトにより、絶えず併置される作家である。このふたりの間で、エロスのスキャンダルからユートピアのスキャンダルへの移行において、性は根本的に新しいひとつの言語的支柱であると語られる。詩人のロベール・デスノスは自分なりにこう表現している。「解放された道徳観念の百年間につづく、革命精神の百年間は、われわれに幾つかの権利を賦与したが、その中でも重要なのは、われわれの肉体と共に精神をも愛欲の操作に慣れさせる権利であった。(…)エロチシズムは近代精神に固有のものである。かつては放縦《リベルティナージュ》と混同されていたので、それが初めてフランスで別々な概念となったのは、ロマン派の革命の近づいた時期で、エロチシズムはいわばロマン派革命の前駆的徴候のひとつであった。[★8]」こうして、何かが昇華か放蕩かの二者択一から離れる。何かが、性のエクリチュールに新たな重要性を与える言語の中に入り込む。「サド、天空の泥濘から救われた愛」、とルネ・シャールは同時期に語っている。

　このように文学的エクリチュールもまた断絶を導入し、天上的なものが取り去られた愛に、愛を思考する新たな場を見出す。そこで、ロラン・バルトはサドとフーリエが「言語体系《ラング》の設立者」であると語る。言語体系《ラング》の設立者は、何か語ろうとする以前に、「空在」を守る。「言語体系《ラング》とは、記号表現の領域であり、付属性《コンシスタンス》（＝堅固さ）ではなく、固執性《アンシスタンス》の関係を舞台にかけるものである。中心とか、重みとか、意味とかは解任されているからだ。[★9]」新たなエクリチュールの過剰に場所を与えるための空在と解任。言語体系《ラング》の設立者である**エロス**、**ロゴス**と出会う**エロス**。今日の作家たちがそのことを公認している。

ロラン・バルトは、サドとフーリエをいくつかの点で結びつけ、彼らが分類と配分による組み合わせの秩序を産出し、その秩序がエロチックな幻影《ファンタスム》における類似を生じさせていると指摘する。「サド的エロスと同じく、フーリエの**エロス**は分類的であり、配分的である。住民は恋愛の等級に分たれているからだ。サドの場合には、語り女たち、強蔵、等々がいる。フーリエの場合には、純潔の四つ組《カドリーユ》、**若者組**と**乙女組**、**馴染男**と**馴染女**、**子持の仲**、等々がある。サドからフーリエにかけて、変わるのはただ言説の性格《エートス》だけだ。フーリエでは歓びでわきたち、サドでは快感にひたっている。というのはエロス的幻影《ファンタスム》は結局同じものだからである。これは待機の幻影《ファンタスム》だからだ。あらゆる恋愛の欲求も、拘束によ

★8 Robert Desnos, *De l'érotisme considéré dans ses manifestations écrites et du point de vue de l'esprit moderne*, Paris, 1927, p.23〈邦訳、ロベエル・デスノス、「エロチシズム——近代精神の見地から文学作品を通じて考察された——」、澁澤龍彦訳、『澁澤龍彦翻訳全集 3』、河出書房新社、一九九七年、二七四、二八一頁〉この邦訳を使わせていただいた。

★9 Roland Barthes, *Sade, Fourier, Loyola* (*1971*), Paris, Le Seuil, 1980, préface〈邦訳、ロラン・バルト、『サド、フーリエ、ロヨラ』、篠田浩一郎訳、みすず書房、一九七五年、八頁〉この邦訳を使わせていただいた。この作品に関しては以下同様。

るにせよ、協約によるにせよ、おのれが自由になしうる主体＝客体を即座に見出すという待機状態。」[★10]

バルトは、双方とも欲望のエクリチュールを体系化するサドとフーリエの類似性をこのように立てる。しかし、このことは、もうひとつのこと、まさに**エロス**と**ロゴス**の出会いが問題となっているのでなければ根本的に新しいわけではないだろう。「エロス的実践の、文字に書かれた痕跡」ではなく、「テクストに関する新しい化学、言説と肉体との溶解」が問題となっているのでなければ。こうして、エクリチュールは、「**ロゴス**と**エロス**との交換を調整するもの」となり、「エロス的なものを文法家として、言語活動をポルノ作家として、語ることが可能となる」（P. 162〈邦訳二二六頁〉）のである。ここで、バルトはサドについて語っているのだが、彼がどれほど全体的な変化を指し示しているかはよく分かる。

シャルル・フーリエの全集を編集したシモーヌ・ドゥブーは、ふたりの作家の類似よりは差異に敏感であり、バルトの主張に批判的に答えている。彼女にとって、唯一の類似点は、これらふたりの作家が、情念を出発点として知を位置づけ、幻影《ファンタスム》を産み出し、ふたりともが歴史によって正しいと実証されたことである。「世界の中への幻影《ファンタスム》の運搬」、ひとつには、これが現代の歴史である。「歴史は眠っている人間によって作られるわけではないが、それでも彼らの白昼夢に依存しているのだろう。[★11]」それでは、言語体系《ラング》の発明者というよりは歴史の生産者ということなのだろうか。シモーヌ・ドゥブーは、「言語体系《ラング》の設立者」という表現を「テクストの快楽」という表現に結びつけ、歴史の中への書き込みの否定をまさしく拒否する。言語体系《ラング》はそれ自身で歴史を考える以上、ロラン・バルトが「言語体系《ラング》の設立者」について語った際に、彼がこの作家たちを歴史から引き離していたかどうかは確かではない。

その一方、歴史の中でこれらの新たな言語体系《ラング》の効果を跡付けることはできる。ここでもまた、たとえロラン・バルトと対立しようが、この批評家は文学が新たな世界を思考すると語るのである。シモーヌ・ドゥブーは、これらふたりの作家の間で、どのように道徳と犯罪との両方を基礎づけるエロチシズムが発達するのか、この「**神**の沈黙」の中で、どのようにエロチシズムが全般的にばらばらになったか、たとえば快楽と生殖との間で、分裂したのか明かにする。

ピエール・クロソフスキーは、さらに異なるサドとフーリエの比較の線を提唱する。経済的なものである。もちろん経済は、財産と同様に肉体にも、現実と同様に幻影《ファンタスム》にも関係すると理解してのことだが。実際、一八〇〇年代は産業革命を予告する時期である。「そもそも情欲が商業化の対象となり、今日の過剰な産業時代にあっては経済的ファクターともなることが、いかにして可能なのか。(…)情欲の諸形態が、経済と交換という人間の顔をした現象と、秘密にして悲劇的な結びつきを持つことが明らかになるかもしれない。[★12]」サドにおける倒錯は最初からセクシュアリティと再生産との乖離を記している。「天引きというかたちで取り分けられた欲動の力は、ファンタスムの素材をかたちづくり、それを情欲が解釈するのである。そしてファンタスムはここでは製造物の役割を果たしている。[☆13]」しかし、情

★10 *ibid.*, p.118〈邦訳、同上、一五六頁〉
★11 Simone Debout, «Legitime défense, légitime entente: Sade et Fourier», *Libre*, no.1, Paris, Payot, 1977, p.204.
★12 Pierre Klossowski, *La monnaie vivante*, *op. cit.*〈邦訳、既出、30頁。この邦訳を使わせていただいた。この作品に関しては以下同様〉

動の経済と欲求《ブゾワン》の経済との間の、もしくは倒錯の経済と物の経済との間のアナロジーだけでは十分ではない、というのがクロソフスキーの主張が向かうところである。というのも、話はサドとフーリエの言説の想起では終わらないからだ。実は、エロスの系列と産業の系列というふたつの系列は交じり合い、嘆かわしい結論に至る。「産業現象とはしたがって、種の保存と繁殖の本能が裏返しされた倒錯であるということになるだろう。情欲による、生殖をともなわない快楽は、ついにここで、もっとも有効でもっとも欺瞞的なみずからの等価物を見いだしたのだ。[☆14]」快楽は経済の発達の中に消え去ってしまった。一八〇〇年の断絶を名指すにあって、クロソフスキーはかなり明白だ。彼は、「エロチックな享楽が根源的欲求《ブゾワン》であるとみなされはじめたのは、前世紀[☆15]」であると主張するのである。そしてサドからフーリエへの移行はこの欲求《ブゾワン》の認知を示している。前者は「諸個人の精神的・身体的所有権を侵害する[☆16]」ことの必然性を示し、売買を、売買春を示唆する。後者は「諸々の親和関係の微分法則にしたがって諸個人が無償の精神的脱所有化をこうむる[☆17]」ことを提唱する。したがってふたりとも快楽の諸規則を、価格と無償性という、交換とコミュニケーションという基本的基準にしたがい、経済的に考えているのである。そして、このような快楽の諸規則は次のジレンマを引き起こす。[☆18]「身体の交換による諸存在のあいだのコミュニケーションか、それとも通貨という記号のもとでの買売春か。[★19]」フーリエがこのジレンマから抜け出そうと努めたことがさらにこの問題に重要性を与えている。

　サドとフーリエ。言語体系《ラング》の設立者、来るべき時代の予告者、エロスの経済の発明者。これらの作家たちがテクストとエクリチュールの中で表明している諸々の断絶は分類整理し続けねばならないだろう。

この文学的断絶は性の差異を用いて、政治的経済的変化とともに遂行される。言語の中で差異を思考することは、政治的事件と同時に言語をも変化させる。サドとフーリエは政治的考察に精通しているだけになおさらである。

エロスとロゴス

20世紀の哲学者たちが見る一八〇〇年の断絶の諸帰結は、断絶の表象のために妥当なひとつの光を与えてくれる。この観点からはフランクフルト学派が中心となる。一方には、テオドール・アドルノとマックス・ホルクハイマーによる『啓蒙の弁証法』の分析があり、もう一方には、ヘルベルト・マルクーゼの『エロスと文明』[☆20]がある。

☆13 邦訳、三三頁。
☆14 邦訳、七六頁。
☆15 邦訳、四六頁。
☆16 邦訳、五八頁。
☆17 邦訳、五九頁。
☆18 邦訳、一一八頁。
★19 以下の文献も参照のこと。Pierre Klossowski, *Les derniers travaux de Gulliver*, suivi de *Sade et Fourier*, Paris, Fata Morgana, 1974, p.62.

まず、ヘルベルト・マルクーゼの主張を見てみよう。世界の変容というユートピア的ヴィジョンはわきに置いて、**エロス**と**ロゴス**の歴史に関する解釈のみに留めることにする。**エロス**は古代に**ロゴス**に吸収され、一九世紀にならないと再浮上しない。プラトンの時代以来、「**エロス**は**ロゴス**の中に吸収され、**ロゴス**とはさまざまな本能を服従させる理性である。存在論の歴史は、世界をますます独占的な形で律する現実原則を反映している。**エロス**の形而上学的な観念に含まれている諸々の深遠な考えは地下に埋められた[21]」。別の言い方をすれば、一九世紀は、**ロゴス**としての**存在**のヴィジョンから**エロス**としての**存在**のヴィジョンへの移行を示している。この移行は支配の論理に不均衡を引き起こさずにはいない。なぜなら、「理性の脱昇華」は感性の非抑圧的な自己昇華に結びつくからである。また満足は超越性に対立するからである（P. 103〈邦訳、九七—九八頁〉）。ショーペンハウアーとニーチェが、意志、力、歓喜という概念により、この転覆をもっとも高い哲学的水準で表現している。そしてその先にはもちろんフロイトが現れ、マルクーゼにおける、**エロス**は**タナトス**なしに存在しないという必然的な主張が現れる[22]。

フランクフルト学派の思想の力は、形而上学と政治を、この学派の言葉を使えば、**存在**の問題と支配の問題を、連結しようと試みるところにある。というのも、**ロゴス**は支配の思想なしには存在しないからだ。**ロゴス**とは支配の思想だからだ。『啓蒙の弁証法』の中で、アドルノとホルクハイマーは**ロゴス**と**エロス**の交差点から再出発するが、より系譜学的な方法を取る。マルクーゼの場合のように、ユートピアがいきなり与えられたりはしない。サドとニーチェから（サドとフーリエからではなく）出発し、物事を啓蒙の世紀の終わりから捉え直して、彼らはこれらの作家に、「実践的理性批判」としての**エロス**の登用を見出す。ジュリエットはその模範例である。「ジュリエットが体現しているのは昇華されないリビドーでも、退行的リビドーでもなく、退行の知的快楽、悪魔への知的な愛（amor intellectualis diaboli）、文明を文明自身の武器を用いて破壊するという快楽である。[★23]」そこから帰結するのは、彼女が「価値の転換を実践する」ということである。「彼女は、古い支配が自分自身を飾っていた諸目的を理論的に幻想に変え、豊富さという可能性によって、古い支配からそれを支えていた実際的基盤を奪う。支配はそれ自身が目的として、経済的な権力の形で生き延びる。快楽は、それを禁じた形而上学同様、すでに時代遅れで、機能しないものとして立ち現れる。ジュリエットは犯罪の動機について語る[☆24]」（P. 113〈邦訳、一五七頁〉）。**ロゴス**は道徳と同様、不道徳をも可能にする。したがって、「愛の分裂は進歩の結果」（P. 118〈邦訳、一六三頁〉）であり、サドとニーチェが「科学を言葉どおり受取り」、その結果**理性**の矛盾を到来させたこの過程の中で、**エロス**は矛盾の最後の梃子として立ち現れるのである。

☆20 ハーバート・マルクーゼ、『エロス的文明』、南博訳、紀伊国屋書店、一九五八年。

★21 Herbert Marcuse, *Éros et civilisation*, 1955, Paris, Minuit, 1963, p.115〈邦訳、同上、一一二頁〉

★22 ジェラール・ローレによる以下の分析を参照のこと。Gérard Raulet, *Herbert Marcuse, Philolophie de l'émancipation*, Paris, PUF, 1992.

★23 Theodor W. Adorno, Max Horkheimer, *La dialectique de la raison*, 1947, Paris, Gallimard, 1989, p.104〈邦訳、ホルクハイマー、アドルノ、『啓蒙の弁証法』、既出、一四五頁〉

☆24 本書の文脈ではジュリエットを指している引用部分の主語、「彼女」（elle）はドイツ語の原文では「啓蒙」である。

エロスは**ロゴス**の中に再浮上し、思考の作用素、思考の変化の道具となり、二元性としての性の差異は消え去ることはないまま弱まっていく。ジュリエットはたしかに女性だが、それでもやはり**エロス**は**性**をその一般性の中に包括するように思われるのである。ミシェル・フーコーの前提もまた、これから見るように、同様である。その後、次の章で、平等の思想の通過を受けた差異の思想が、哲学的テクストに与えた直接的影響を見てみよう。

性と真理

サドを起源とせずに一九世紀に断絶を定める哲学者がいる。ミシェル・フーコーは、『性《セクシュアリテ》の歴史』の第一巻、『知への意志』の中で、「血の象徴論からセクシュアリティの分析学」[★25]への移行を、革命の過程、貴族階級の終わりとブルジョワジーの到来を出発点として記している。性《セックス》の出現ではなく、血から性《セックス》への移行である。「貴族階級もまた自分の身体の特殊性を主張していた。しかしそれは血という形において、つまり祖先の古さと姻戚関係の価値という形においてのことであった。ブルジョワジーは自分自身にひとつの身体を与えるために、反対に、子孫と自分の生理的身体の健康という方に目を向けた。ブルジョワジーの〝血〟とは〝性《セックス》〟なのであった」(P. 164〈邦訳、一五八頁〉)。こうして、大変動は、ミシェル・フーコーの筆にかかると、「真理の賭け金」としての性の設置ということになる。たしかに主体の真理の賭け金なのだが、あらゆる主体の、思考する主体で主体-市民の真理の賭け金なのである。

だからこそ、この説は、根本的に新しいとしても、**ロゴス**と**エロス**の弁証法や一九世紀における**エロス**の回帰を語る諸々の説と似ていないわけではない。しかし、この説は以前に取り上げた作者たちとは深いところで一線を画している。というのも、もはや古典的となった二つの目印、サドとフロイトとを退けているからだ。

モーリス・ブランショは、フーコーにとってはサドが性の空間ではなく、いまだに血の空間にいることに驚きを示している。彼のほうは、サドが「血縁性」から「セクシュアリティ」への移行の「多義的《あいまい》な証人であり、かつ途方もない実演＝立証者」であると考えているのである。しかし、フーコーはサドに関して言う。「血が性《セックス》を吸収してしまった」と。そしてブランショはこう付け加える。「これはしかしながら私を驚かす結論だ、というのも、サドというこの貴族、その人生におけるより以上に作品において、貴族制度を侮辱することによってそこから快感を引き出すためにしかこの貴族制度を気にとめていない貴族は、乗り越え難い度合にまで、性の至上主権を打ち立てているからである。[★26]」サドとともに、性は権力の座に就く、そしてこのことは権力が、政治権力を含め、セクシュアリティという装置を用い

★25 Michel Foucault, *La volonté de savoir*, Paris, Gallimard, 1976, p.195〈邦訳、ミシェル・フーコー、『性の歴史 I 知への意志』、渡辺守章訳、新潮社、一九八六年、一八七頁〉

★26 Maurice Blanchot, *Michel Foucault tel que je l'imagine*, Paris, Fata Morgana, 1986, p.51〈邦訳、モーリス・ブランショ、『ミシェル・フーコー、想いに映るまま』、豊崎光一訳、哲学書房、一九八六年、五八-五九頁〉この邦訳を使わせていただいた。

て行使されることになるということを意味する、と彼は付け加える。しかし、なぜフーコーはサドを「セクシュアリティの分析学」の先覚者の位置に置かないのだろうか。なぜなら、モーリス・ブランショの語るような、「快楽の領分と逸楽の無際限な権利」はミシェル・フーコーの考える性《セックス》とは異質なものだからである。彼の考える性《セックス》とは、種の、bios〈生命〉の、生命の性《セックス》、Scientia sexualis〈性の科学〉の、たとえ複雑なものであろうとも、知の対象としての性《セックス》なのだ。フーコーが一九世紀に見る「性《セックス》の言説化」はサドの文学とはほとんど関係がない。ミシェル・フーコー自身の返答もまた残されている。「私は、サドが規律社会に固有のエロチシズムを表現したと認める心づもりはかなりできてるんです（…）。彼にはうんざりさせられる。★27」

同様に、ミシェル・フーコーは、フロイトおよび精神分析一般との関係についても特異である。精神分析に対する彼の留保は周知のことだ。より正確にいうと、一九世紀が実現した断絶という展望の中で、精神分析は、彼にとっては、「セクシュアリティのテーマ系を法と象徴体系と主権のシステムの中にもう一度書き込むための理論的努力」（P. 197〈邦訳、『性の歴史 I 知への意志』一八九頁〉）として現れる。したがって、彼の目から見れば、フロイトは、血統（姻戚関係、父……）の秩序を、「権力のかつての秩序全体を、欲望のまわりに呼び出す」〈邦訳、同上〉のである。しかし、血から性へと移行することで、私たちはすでに権威から種へと、法から規則へと移行しているのだ。そこで、精神分析は、法を再創始するのだから、私たちの近代にあって、時代錯誤のようなものなのである。このような説のまとめはもちろん簡潔すぎる。精神分析に関するフーコーの言説は変化しているので、いっそうのこと簡潔すぎる。しかし、ここで重要なのは、精神分析の発明という、一九世紀末に起きた性の差異に関する（もしくはセクシュアリティに関する？）言説の重大事件を前にしてフーコーが取る距離を強調することなのである。いくつかの点では、彼が精神分析からそれほど隔たっているかどうかは確かではない。たとえば、「語る性器《セックス》」という彼の表現などは。[☆28] これは中性的な表現だが、フーコーがこの表現を借りてきたディドロにおいては女性性器を指している。[★29] 性（器）《セックス》は、エロス同様、常に性的差異を斟酌しているわけではない。

一九〇〇年代もまた新たな所与という特徴を示し、断絶を成している。精神分析はたしかに重要な革命ではあるが、より広範な変化の展望の中に含まれている。一言で言えば、精神分析は性の差異に関する言説を「性《セックス》」から「セクシュアリティ」へと移動させるのだと言うことができる。そのことによる諸々の帰結は周知のとおりである。古典主義の時代における大文字の「**性**」は、もはや女性のみ、いにしえの「**美しい性**」のみではなく、皆の、男性と女性の、大人と子供の性となる。「セクシュアリティ」は広い意味での心理的生を指し示すのであって、もはや単なる男女の二分割とか、再生産に吸収された

★27 Michel Foucault, *Dits et écrits*, Paris, Gallimard, 1994, t.2 : «Sade, sergent du sexe», p.818-822〈邦訳、『ミシェル・フーコー思考集成Ｖ 一九七四-一九七五』、「サド、性の法務官」、蓮實重彦、渡辺守章監修、筑摩書房、二〇〇〇年、四六五-四七〇頁〉

☆28 Michel Foucault, *La volonté de savoir*, *op. cit.*, p.101〈邦訳、ミシェル・フーコー、『性の歴史 Ⅰ 知への意志』、既出、一〇一頁〉

性とかを指し示すだけではない。そのうえ、セクシュアリティは両性具有性を意味する。これは心理的に与えられたものと生物学的に与えられたものとの明白な区別である。そしてこれ以降、性的な生は文化の問題となり、本能は欲動と呼ばれ、種は文明と呼ばれることになる。したがって、精神分析はたしかに万人にとってのひとつの革命なのだ。ただし、フロイト精神分析のことだが。というのもユングは、逆に、あまり弁証法的だとは言えぬ、より自然主義的なエロスとロゴスの分割にいまだ留まっているからである。すなわち「女性の心理は、結合し引き離す大いなるエロスの原理に則っているが、男性は昔から至高の原理としてのロゴスに結びついている」★30というのである。

しかしながら、精神分析はその革命において孤立しているわけではまったくない。科学は、生物学と種の科学は、一九世紀に、再生産と遺伝のメカニズムの発見により、また自然淘汰の理論により一変した。それに科学は、生物学的に言って男性と女性とは何かについて、また種の変遷に従属し、進化に組み入れられた男女の社会について、ずっと正確になりもする。結局、一九世紀の科学は男性個人と女性個人に関してよりよい知識をもたらすと同時に男女の定義の流動性を発見するのである。性の差異に関する知は固定化されることなく洗練される。エロスは性の差異を含意する。

こうして、性の差異について語るための領域が増加し、正確になっていくのが見られる。おそらくそれが一九〇〇年代の断絶の独自性である。人文科学の時代にあっては、それは自明のことのように思われると言われるかもしれない。しかし、まさに、ここで問題としているのは、性の差異に関して可能な言説の実現として社会学、人類学、心理学、精神分析を想起することではない。区分すべき領域は専門分野の分割の構造とは一致しない。根本的に、一方では生物学と進化の科学が、もう一方では精神分析の革命が、性の差異の表象において、現実的なものである男女と、想像的なものである男性的なものと女性的なものとの分離を可能にしているのである。もちろん、一九世紀の哲学全体がこの分離に対して準備を整えており、ニーチェはもっとも明敏なその証人である。一八〇〇年代は男女という存在と、男性的なもの、女性的なものという性質との混同を最高の地点まで強めていた。一八〇〇年代は現実と自己同一性とを、見えるものと想像的なものとを交差させていた。逆に、一九〇〇年代には、性的に差異化された《セクシュエ》存在と性の二元性とのこの分離は万人の目に明らかなものとなるのである。

この断絶を説明するために、ゲオルク・ジンメルはおそらくよい例となるだろう。フロイトとは逆に、彼は女性解放運動を公式に認める。したがって彼は、女性たちがそれまでは男性に限られていた専門的もしくは創造的職業を持つ際に彼女たちが取る行動について考察する。社会における男女の役割と位置づけの再配分という現実から、何か新たなものが生じるのだろうか、これがゲオルク・ジンメルの問いかけである。それに答えるため、彼は支配的な文化の特色を示さねばならず、とりわけ性的に色づけられて《セクシュエ》いるというその特色を認めなければならない。「ここで最初に認めなければならない事実は、人類の文化が、その純粋な客観的内容においてさえ、いわば決して性別を欠いているもので

★29 Diderot, *Les bijoux indiscrets* 〈邦訳、ドゥニ・ディドロ、『お喋りな宝石』、新庄嘉章訳、有光書房、一九六九年〉
★30 Carl Gustav Jung, *Problèmes de L'âme moderne*, Paris, Buchet-Chastel, 1971, p.286.

はなく、その客観性によって男女を越えた場所に位置づけられているわけではまったくないということだ。それどころか、我々の客観的文化は、まれな分野を除けば、一貫して男性的なのである。[★31]」したがって、両性の平等という潜在的可能性から、普遍的なもの、男性的なもの、女性的なものに関する考察が生じる。これは支配的である男性的なものについての批判へと開かれている考察なのだが、起こりうる具体的な帰結となると、すぐさま非常に伝統的な、男性的なもの／女性的なものの両極化に閉じ込められてしまう。しかし重要なのは、一瞬だけだが提唱される現実的なものと想像的なものとの分離なのであり、それは「男女両性の問題における相対的なものと絶対的なもの[☆32]」という別のテクストに現れる。一見すると客観的だが、実は男性的である文化についての批判を再び取り上げながら、ジンメルは、いかに女性が実際は男性的である絶対性に従わされ、この文化の支配下にあるか、女らしさがいかに性的関係と結びついていないか、それにもかかわらずいかに女性が性的な存在に閉じ込められているか、いかに個人と「性の類型」とを区別しなければならないかを示している。結局、文化と個々人の交差の中で、女性的なものと男性的なものは絶対的であると同時に相対的である。それらは、人類の差異化された定義としては絶対であり、一方が他方に非対称的に結びつけられているために相対的なのである。

ジンメルは、批判から始めたにもかかわらず、結論でこの非対称性を捨て去りはしない。というのも、性的な差異化の主張はヒエラルキーを維持するからだ。彼の結論は、平等という問題がどれほど私たちの近代において断絶を成すものであるかを改めて示している。最初は一七〇〇年代頃における平等という思想の出現とともに、次いで論争のイメージに続く訴訟のイメージによる政治的な舞台への平等思想の登場とともに、最後に一九〇〇年代における現実の性と想像的な性の区別において。

二〇世紀半ばの作家たちと哲学者たちにより事後的に表明された断絶、一言でまとめるとロゴスの中へのエロスの出現については、それが性的差異に関して何をほのめかし、もしくは何を中和しようと努めているのか掘り下げられねばならないだろう。普遍的なものとしての性もまた断絶において分析されるべき要素である。

この研究の枠内で私に残されている作業は、一九世紀の初め以来、これらの断絶が哲学者たちによってどのような形で理解されてきたのか、またフェミニズム批評がそれにどのように参画しているのか、に立ち戻ることである。

★31 Georg Simmel, «La culture féminine», in *Philosophie de la modernité*, t. 1, Paris, Payot, 1989, p.115〈邦訳、『ジンメル著作集 7』、「女性文化」、円子修平、大久保健治訳、白水社、二九〇頁〉
☆32 邦訳、『ジンメル著作集 7』（既出）所収。

明敏さ

性の差異の歴史性は諸表象の歴史にのみ現れるわけではない。それは独自の時間性という形態を、つまり断絶とか情勢といった形態、新たな時代と固有の時間という形態を取る。前章ではフランス革命という事件に呼応する断絶を説明したが、この章では一九世紀から二〇世紀にかけて広がる現代を取り扱う。ここで示されるのは、いかにして性的差異の歴史性が、男性的なものと女性的なものが対立するような形で、異なる時間をもたらさないかであり、ここで明らかになるのは、むしろ性の差異が、おそらく独自の時間性をもって歴史に書き込まれていることである。この旅は明敏さと頑迷さの、歴史の動きの同伴か不在かの旅である。

性の問題に関して、哲学者の明敏さは、自分が何かを知っていると、(自分の考えを語る以前でも)知ることが可能だと語る決断に見うけられる。さて、語るもしくは語らないという決断は一九世紀に明示的になる。歴史を取り上げた章では、とりわけ近代以降の性の差異の現われ方の無秩序に言及した。この章では、哲学者が男女間に賭けられているものに関して見せる認識と、哲学者がこの賭けられているものを迂回する、もしくは流用するやり方に注目する。両性の平等という考えが、新たな明敏さ、つまり挑戦を受けていると意識しつつ、それを考慮に入れるのを拒む態度と無関係ではないことは明らかである。

知の論理の基礎原理のひとつは、女性たちを、女性読者たちを追い払うことである。たとえばフィヒテは、性本能の本質的重要性を表明することが、語ることができるのは、必然的に男性である哲学者のみだと考えている。結婚のパートナーがこの本能を意識するには及ばない。女性がそのようなことを告白できるなど不可能だ。[★1] 女性の無垢さ、自然のものと言われている無知の状態は、実は義務、必要性なのである。同様にキルケゴールは、『あれか――これか』の前書きを、男性読者と女性読者とを区別しながら、あいまいな皮肉で締めくくっている。「女性読者に出会ったらこう語りなさい。愛らしい読者よ、君はこの本の中で君がおそらく知ってはいけないいくつかのものと、知ると多分君に役立ついくつかのものとを見つけるだろう。だから、あるものに関しては、読んでしまっても、読まなかった人間であるように読みなさい。ほかのものに関しては、読んだ後で読んだものを忘れなかった人間であるように読みなさい。[★2]」女性には到達できない、おそらくは危険な哲学的知というものがあるのである。というのも、もちろん知は、この解放の時代にあっても、男性と男性哲学者の占有物のままだからだ。

★1 Fichte, *Fondement du droit naturel selon les principes de la doctrine de la science*, Paris, PUF, p.324 〈邦訳、『フィヒテ全集　6』、藤澤賢一郎、杉田孝夫、渡部壮一訳、晢書房、一九九五年、三七〇頁〉

★2 S. Kierkegaard, *Ou bien... ou bien...*, Paris, Gallimard, 1984, p.13 〈邦訳、『キェルケゴール著作全集第一巻』、「あれか――これか」、太田早苗、大谷長訳、創言社、一九九四年、二二頁〉

実際のところ、その危険とは、女性がフーリエとともに、哲学者たちは「女性を貶めた」のだと、愛を思考しそこなったのだと、単なる取引にすぎない結婚を誉めそやしたのだと確認することだろう。フーリエは哲学者たちの猥褻さ、軽率さ、エゴイズムを告発している。[★3] 哲学者が女性に対して、植民者が黒人奴隷に対するように振舞ったと確認するための哲学の三千年と四〇万巻……。

一見して、一九世紀の哲学者の意識には転換点がある。この自覚の原因は、哲学の内部と外部の双方に求めるべきだろう。すなわち、カントに端を発する、思考する主体の考察と同時に、両性の平等と女性解放について論議を引き起こす社会革命とに。

まさにカントに。性的差異の起源に関し、彼が「人間の理性は闇の中にある」[★4] と主張していることに驚きはあるまい。ゲームの外部で、なぜという問いはどのようにという問いに恵まれる。そこでは描写的な姿勢が優勢であり、主張は明証性から生じる。そこでは自然は本質的なものである。「文化は自然を創造するのではなく、発展させるのである」。そして、カントがルソーの大胆さと明敏さに敬意を表するのは、女性に関する発言に明証性という価値を与えるためなのだ。「したがって、すでにあらかじめ認めることができる」(P. 1115〈邦訳二九〇頁〉)と彼は話の始めから言う。自然を肯定すること、それが「性の特徴」、しかも女性の性として理解されたそれを考察するためのカントの原理であるように思われる。「哲学者にとって、女性の特質は男性の特質以上に研究対象である」(P. 1116〈邦訳二九一頁〉)。望まれる知識は誤解の回避にとどまる。性の差異を知ることは自然を見誤らないために自然を認めることにある。つまり「魅力的な差異を見分けられなくしないこと」[★5] である。哲学者ができるだけ研究対象を変化させないこと、カントの大胆さ全体はそこにかかっている。くりかえし彼は、自然が身体の共同体に、「両性の自然な共同体」に「秘密のベール」をかけたと主張する。自然に関する私たちの無知を認識し、そこでは自然の目的が人間の目的に勝ると理解すること、これこそが、カントが私たちに強く告げることなのである。

他の哲学者たちは、ベールを剝ぐのは可能だと、自然の秘密は哲学者によって万人の目に明かされねばならないのだと主張するだろう。たとえば、ショーペンハウアーは愛を「種の利害」、一つの目的、出産と生殖一般に奉仕するひとつの手段と考える。性本能に関し、ショーペンハウアーは自然の罠、策略であると語る。「ここでは、真理は幻想という形を取る★6」。性に関し、この哲学者は幻想に基づくひとつの真理を暴き、人間-男性《オム》に自分が「種族にだまされている」のだと、自分自身の快楽を追求しているのだと信じながら種の「密かな任務」（P. 68〈邦訳一三九頁〉）を果たしているのだと教える。「恋する男性は」愛する女性の欠点に「目をつぶり」、「種の意志」を作用させる……。ショーペンハウアーは

★3 Fourier, *Le Nouveau Monde amoureux*, Paris, Anthropos, p.231-232〈邦訳、フーリエ、「愛の新世界抄」、巖谷國士訳、『澁澤龍彦文学館4　ユートピアの箱』、筑摩書房、一九九〇年。しかし、当該部分は訳出されていない〉

★4 Kant, *Anthropologie du point de vue pragmatique*, Paris, Gallimard, La Pléiade, p.995〈邦訳、『カント全集第14巻』、既出、一〇八頁〉

★5 *Observations sur le sentiment du beau et du sublime*, Paris, Flammarion, GF, p.120〈邦訳、『カント全集第3巻』、既出、三八頁〉

★6 *Métaphysique de l'amour*, Paris, 10/18, p.53〈邦訳、『ショーペンハウアー全集　7』、既出、一二六頁〉

「本質的な真理のベールを剝ぐ」と語り、そこから、「性愛の形而上学」という重要な呼称が生まれる。愛と性本能の幻想的性格は真理として受け止められなければならない。これは、ベールを剝ぐという概念に全的な力を与える、哲学的に困難な立場である。無理解は人間的に避けられず、無理解の分析は哲学者のみの仕事なのである。

自然の明証性を描写すること、もしくは自然の秘密のベールを剝ぐこと、これらふたつの立場は対立すると同時に近いものでもある。一方にとっては、無理解を避けねばならず、他方にとっては、秘密は幻想に属する。一方にとっては、可視性が秘密に勝り、他方にとっては、それに執着しなければならない。これらの哲学者たちはこうして、厳密に男性的な哲学的作業のふたつの極を描き出すのである。

男性性《マスキユリニテ》を同定することはキルケゴールの特技となるだろう。どんな哲学者にもまして、キルケゴールは自分の中で語っているのが男性であることを完全に意識している。「私は女性をひとつのカテゴリーにおいて思考しようと努めてみよう。しかしどんなカテゴリーにおいて思考すればよいのだろう」[★7]。女性とカテゴリーとの出会いは不確かであり、最初から与えられているわけではない。したがって、可能性としての考察は、快楽に直面し、快楽と対立し、秤にかけられる。「快楽を享受しろ、語るな。このような考察を仕事とする人々の多くはまったく快楽を享受しない」(P. 338〈邦訳六一〇頁〉)。快楽と考察との二者択一に関する不安は、哲学者**エロス**の問題へと再び送り返すものである。ベールを剝ぐこともなく説明もない。説明不可能なものが存続し、仮象に直面する欲望の問題は恐らく永遠に開かれたままである。フロイトが、キルケゴールに次いでこのことを語りうるだろう。

あらゆる哲学者が進んで、愛に関する言説における詩の役割に言及し、また自分たち自身のテクストがいかにして詩から何かをもらっているか、盗んでいるかについて語る。しかし、このような文学への言及はおそらく別のもくろみを隠している。それは政治的なもくろみであって、政治思想家たち、法哲学者、社会主義哲学者、空想社会主義哲学者たちにおいて、段落の曲がり角に立ち現れる。そして形而上学者たちにおいてもそうなのだ。

そこに、明敏さのもうひとつの箇所があり、それは一見して性の真理や、認識とは関係がない。その箇所とは、哲学者たちがよく出会う、おそらく公的空間でも私的空間でもよく出会う問題に関して態度を表明しなければならないという緊急性である。両性の平等の要求について態度を表明する緊急性なのだが、ほとんどの哲学者たちが、政治理論家たちでさえそうすることを勧めはしない。コンドルセ、フーリエ、スチュアート・ミル、そして少しだけだがマルクス、を除けば、普通は、女性解放の論拠の裏をかくための最小限の理論的装備で裏打ちされた沈黙に出会うだけだ。ここにも哲学者の明敏さがある。哲学者が明証性という基準（自然、良識、快楽等々）に訴えるのは、両性の関係を伝統のうちに保つよう努めるためなのだ。

すでにフィヒテとカントは懸命に不平等における平等を主張し、女性の劣等性をよりよく説明するために愛を論じている。フィヒテは女性から性的快楽に関する知識を奪い去り、男性を満足させ、男性の

★7 *Ou bien... ou bien...*, *op. cit.*, p.334〈邦訳、「あれか―これか」、既出、六〇三頁〉

目的の手段となるという能力を、とりわけ理性をまったく失わないという能力を、理性的であるという能力を女性に残しておく。というのも、「女性は完全に自由に、自分の高貴な自然的傾向である愛の名において、自分自身を手段とする」からだ。倫理的存在として、両性は「平等であるべきだ」。しかし、政治的な存在としてはそうではない。理性と自由は、男女に共通なのだから、権利の差異の根拠となってはならないだろう。しかし、「人間がこの世に存在して以来、概して事情は異なっており、女性は権利の行使において常に男性に遅れを取らされていた。両性の平等への一般的合意には深い理由があるに違いない。そしてこの理由の探求が緊急な必要事となったのが我々の時代である。[★8]」男性支配の不動の伝統の中に歴史的緊急性が出現し、「解放の要求」という事件がフランス革命とともに啓蒙の世紀の終わりに突然生じる。そこで、哲学者の考察はこの時代にはありふれたものである要請に従う。すなわち理性的な存在という同一性が社会的政治的権利の平等を意味しないという古典的円環の中で、平等と不平等とを同時に語ることである。

フィヒテは態度表明することの緊急性について語り、カントは反論を考える。相互的快楽としての性行為と「所有の平等な関係」としての結婚から出発して、彼は問う。「掟が男女の関係について、彼が汝の主人となろう……と語る時、夫婦の平等に関し矛盾はあるのか。この支配は唯一の目的として、世帯に共通の利益の実現において、女性に対する男性の自然的優越性を活用し、その優越性に基礎を見出す命令権を、しかも目的という観点からいって、統一性と平等という義務から派生しうる命令権を強調するのだから、この法は夫婦の平等に反すると考えることはできないだろう[★9]」。つまり、平等と支配とをともに保つ同じ図式である。しかし、不動の自然と普遍的伝統という怪しげな自明の理に循環論法が加わっている。

フィヒテとカントの明敏さは、あの解放の波が来ることを予感し、見て取り、それがこれ以後、人間の平等を原理として、自明性として標榜する民主主義の世界に本質的に属するものとなるだろうと完全に理解していることであり、彼らがこの波を食い止め、方向づけようと試みることはできても、どうあってもそれを無視することはできないと理解していることにある。ここから、女性に関し、非常に尊敬の念を込めた彼らのレトリックが、女性を主体、理性の主体、倫理の主体として含めながら男女の相互性は巧みにかわす彼らの論証が生じるのである。

たしかに数十年後には、女性に固有の合目的性を尊重するとしながら、女性を人間《オ》-男性《ム》の目的に従属させるという幻想は薄れていく。たしかに解放運動はより強い緊急性をもたらし、そのため哲学者は激しくフェミニズムを告発するようになる。たとえば、キルケゴールは女性解放に対する「憎悪」を語った後で、このような意見を公言する者たちの愚かさによって、それに魅惑される女性たちの無能さによって安心する。幸いなことに、解放者は、誘惑のへびがふつう抜け目ないのと同じくらい馬鹿なのだ。彼は古来からの両性の分担を再び主張する。女性は「理念の外側にあるべくもないが、女性は理念を他者の手によって間接的に所有するのである[★10]」。直接的な理念は男性のものである。そうでなければ、も

★8 *op. cit.*, p.319, 318, 352 〈邦訳、『フィヒテ全集　6』、既出、三六三、三六一、四〇三頁〉

★9 *Doctrine du droit*, Paris, Vrin, p.158 〈邦訳、『カント全集　第11巻』、既出、一二四‐一二五頁〉

しも「感染」が彼自身の妻まで及んでしまったら、この哲学者は絶望してしまうだろうと言うのである。

他の哲学者たちは攻撃を好んだり、反フェミニズムの域をはるかに越えた紛れもない女性嫌悪で自分の絶望を隠したりする。西欧の「淑女」に対して怒りの収まらないショーペンハウアーがそうである。「西欧の女性、〝淑女〟と呼ばれるものは全く誤った座を占めている。というのも、女性、古代人たちの言う〝sexus sequior〟〈劣った性〉はまったく尊敬の念を引き起こして賞賛を受けるようにも、男性より高く頭を上げるようにも、男性と平等の権利を持つようにも作られてなどいないからだ。[★11]」したがって、東洋と古代だけが女性をきちんと扱ったのである。とりわけ、どんな女性も社会的孤立の状態に置かないという利点を持つ一夫多妻制によって。近代全体が、婚姻における平等を確立することで誤ったのだ。というのも、婚姻における平等（一夫一婦制のことを指している）は不可避的に、「人類のナンバー・ツー」に社会的平等をもたらすからだ。女性にとっての善がなにか知っていると主張する（一般的に哲学者みんながそうだが）ショーペンハウアーには明白な矛盾（相変わらず、自明性の主張に基づく自明性の論証）がある。「女性にその自然の性質を超える権利を与えることで、人は女性にその自然の性質を超える義務もいっしょに課したのだ。そこから女性にとって不幸の源が生じる。」（P. 35〈邦訳二六四頁〉）哲学者の明敏さは、女性の真の幸福の条件に関する、出所不明のこの知、男性に固有のこの知識でありうるだろう。どんな哲学者も女性というものが、ある一人の女性が、それについてどう考えるかなど決して自問したりはしない。

両性の平等に関して態度を明らかにするという、もしくは女性解放運動の現実を迂回するという政治的緊急性と、この時代以後知識の諸装置を通して行われていく真理の探求との間に、性の差異に忙殺された一九世紀は飲み込まれていくことになる。前に表明した私の仮説とは、政治問題が形而上学的な事柄と出会うこと、またどちらに関しても女性史は無視しがたい役割を演じているというものである。一九世紀初頭と二〇世紀末の間で、あるひとつの文学的な幕間劇が、ストリンドベルイによるそれ[★12]がこの説を例証できる。ストリンドベルイは、その女性嫌悪によって、また両性の平等の作家であるイプセンと一線を画そうと努める劇作によって公に知られているが、彼は数千頁の自伝的物語の中で、この女性嫌悪によく分かる説明を与えている。女性嫌悪が繰り広げられるのはふたつの領域においてであり、ふたつの領域とは、ひとつは両性間に起こりうるライバル関係——こちらのほうが女性の事実上の解放より重大である——を打倒しようと努める反フェミニズムの領域であり、もうひとつは**神**の喪失に、また超越性の代替物としての女性の位置に悩まされる哲学的配慮の領域である。「**神**は追放され、女性が姿を現していた」。この主張はふたつのレベルで理解できる。すなわち、現実への闖入、つまり社会的政治的解放としても理解できるし、想像的な必要性、つまり他者、〈大文字の〉**他者**、彼方、超越の場となる女性としても理解できる。ストリンドベルイの明敏さは、両性の平等（「性の差異《アセクシュエ》を持たぬ者たち

★10 *Ou bien... ou bien..., op. cit.*, p.577〈邦訳、「あれか—これか」、既出、四二七-四二八頁〉

★11 *Essai sur les femmes*, Arles, Actes Sud, p.32-33〈邦訳、「女について」、既出、二六一頁〉

★12 Cf. Geneviève Fraisse, «La misogynie de Strindberg, entre politique et métaphysique», *L'homme et la société. Les nouveaux espaces politiques*, hors série, L'Harmattan, 1995.

の大儀」）の拒否と、**神**の喪失に直面した自分の形而上学的不安とを承知の上で混ぜ合わせることにある。ここに、フェミニズムのリアリズムの極致と形而上学の確かな衰退とが袖を擦り合う19世紀のパラダイムを見ることができる。隣接する領域に理論家プルードンが見出されるだろう。彼の反フェミニズムと女性嫌悪もまた偶然に帰されるものではない。女性への軽蔑や憎しみを語る彼の言説は、彼の思考において突出して常軌を逸した余計な部分などではなく、彼による**正義**の定義のまさに根源に位置している。[★13] 女性自体が理想を表明することを可能にしているのである。内在性と超越性の間での、**他者**としての女性ということなのだろうか。**神**の喪失への解答としての女性嫌悪というわけなのだろうか。おそらくそうだ。この仮説は展開する価値があるだろう。いずれにせよ、仮説として、このことはいわゆる女性嫌悪の不変性を、とかくなされるその心理学的もしくは社会心理学的性格づけを、より理論的な光のもとに照らし出す。女性嫌悪は作動中の思考の一要素、概念の構築の一部なのかもしれない。

一世紀後、男根ロゴス中心主義《ファロゴサントリスム》というデリダの用語がすべてを語る。「シニフィアンのシニフィアン」である男根と理性そのものとしてのロゴスから出発して、この今日の哲学者は男性的理性を――この男性的理性において、支配と形而上学が、哲学史全体を通じていっしょに歩んできた――告発しているのだろう。この哲学者は絶対的知に「弔鐘」を鳴らし、「どこから自分が語っているのか」を、自分の男性という状態を、その男根的な位置を知るのだろう。おそらくそうなのだろう。実際、カテゴリーは置き換えられ、明確にされる。「セクシュアリティ」という用語が、性本能と愛との伝統的、補完的分割を切り崩した。「**他者**」というカテゴリーがときには女性たちをも含む数多くの**他者**を導入した。セクシュアリティと他者性とがこれ以降、性の差異の思考に抵抗するふたつのもの、すなわち性的抑圧と男性の支配とに対立するふたつの軸となる。しかし、だからといってこれは「性の差異」という哲学素にとってのチャンスなのだろうか。

二〇世紀、精神分析と現象学がこれらの新たなカテゴリーを支えている。精神分析の歴史の中で女性のセクシュアリティが受ける扱いはさまざまではあるが、それでも精神分析は言説の中で女性のセクシュアリティに新たな地位を与えている。女性の他者性が常にそれ自体として思考されないとしても、現象学は、**他者**というカテゴリーによって、以来、女性の他者性に扉を開いている。セクシュアリティと他者性というこれらふたつのカテゴリーのもはや後戻りできない性質は、アメリカ人であるアリス・ジャーディンによれば、デリダの差延から出発して、ガイネシス★14という用語によって特徴づけられる。ガイネシスとは、隠喩としての性と女性的なものとが、人間-男性《オム》の終焉および主体批判の思考が通過し、また向かうような場所となる20世紀の哲学状況のことである。これは、あるフランス人女性読者にとってはいささかグローバルな仮説であり、フランソワーズ・コランの分析は「差異と抗争」★15との間でニュ

★13 Cf. Christiane Mauve, «De l'imaginere proudhonien», in *P.-J Proudhon. Pouvoirs et liberté*, Actes du Colloque d'octobre, 1987, UFR de Besançon, 1989.

★14 Alice Jardine, *Gynésis. Configurations de la femme et de la modernité*, Paris, PUF, 1991.

★15 Françoise Collin, «Différence et différend», in *Histoire des femmes, op. cit.*, XXe siècle, volume dirigé par Françoise Thébaud 〈邦訳、「差異《ディフェランス》と抗争《ディフェラン》」、『女の歴史 V』二十世紀1、既出、一四七—一七六頁〉

アンスをつけている。

　現代の問いかけを、たとえばデリダの、そしてリオタールの問いかけを再び取り上げてみよう。そして、まず最初にレヴィナスの問いかけを。すでに前世紀の何人かの哲学者たち、キルケゴール、オーギュスト・コント、ニーチェが自分たちの思想を女性たちや女性的なもの「を用いて」構築していた。しかし、現代の哲学者の明敏さはもはや同じではない。現代の哲学者は、自分が、人類が、女性解放から逃れられないだろうと知っている。フェミニズムは嘆かれも、嘲弄されもしない。それはときにはそれ自身の論理において考慮される。したがって、哲学者たちは、たとえ女性を指し示すカテゴリーを使うとしても、性の差異が、哲学素、つまりすでに与えられた哲学概念ではないこと、それゆえこの問題にかかわるには準備作業が必要であることを知っている。

　レヴィナスは、他者性の思考によって道を開き、この思考は存在と主体を練り上げる哲学を動揺させる。さて、「典型的な他者とは女性的なもの《ル・フェミナン》である★[16]」。女性《ラ・ファム》ではない。「女性的なもの《ル・フェミナン》は、この分析の中で、内面的生が位置する地平の基本方位のひとつとして見出されたのであり、住居の中で〝女　性《セックス・フェミナン》〞という人間が経験的に不在であっても、女らしさ《フェミニテ》の次元では何も変わることはなく、それは住居の応接そのものとして開かれたままである★[17]」エロティックな他者は必ずしも〈大文字の〉**他者**ではなく、〈大文字の〉**他者**は必ずしも女性ではない。レヴィナスは女性的なものを（女性たち抜きでと、フランソワーズ・コランは指摘する）彼の哲学が繰り広げられる空間とする。

　性の差異の思考が伝統的に袋小路に陥っているという自覚が、「西欧のロゴスの男らしさ《ヴィリリテ》」を置き換える効果を持つ女性的なものの隠喩へと帰着する。こうして、彼は男性的なものと女性的なものの非対称性を特権化し、普遍的な類の種別化（ハイデッガーへの非難（P. 164〈邦訳二八六頁〉）もしくは男性的なものの補完物であるような女性的なものを拒むのである。しかし、カトリーヌ・シャリエが示しているように、★18 レヴィナスにとって、女性的主体という（したがって男らしくないロゴスという）問題を避けるのは非常に危険なことであるが、**同一者**と**他者**とのヘーゲル的弁証法の諸困難に終止符を打つことに成功したレヴィナスの思考を考慮に入れずに女性的主体を復活させるのはさらになお困難なのである。女性主体をわきにのけることによって、女性的なものの重要性が確立される。二〇世紀の哲学者は明らかに性的差異（セクシュアリティと他者性）に出会うのだが、性の差異のひとつの問題、異性の、男性にとっての他者の問題は避けるのである。

デリダが男根中心主義《ファロサントリスム》と男根ロゴス中心主義《ファロゴサントリスム》という用語を導入する時、彼は男根的思考の支配を告発しようと試みているのみならず、哲学がその上に建てられている二項対立のシステム全体を狩り出しもしている。こうして差異と女性的なものの思考は多数の言表に撒き散らされ《ス・ディセミヌ》、差異と女性的なものの思

★16 Emmanuel Lévinas, *De l'existence à l'existant*, Paris, Vrin, p.145〈邦訳、E・レヴィナス、『実存から実存者へ』、西谷修訳、講談社（講談社学術文庫）、一九九六年、一六七頁〉

★17 Emmanuel Lévinas, *Totalité et infini*, La Haye, Nijhoff, p.131〈邦訳、『全体性と無限』、合田正人訳、国文社、一九八九年、二三七頁〉

★18 Catherine Chalier, *Figures du féminin. Lecture d'Emmanuel Lévinas*, Paris, La Nuit surveillée, 1982.

考の一義性は失われる。サラ・コフマンは哲学のこの変化を以下のように要約している。「テクストの性化《セクシヨンアリザシヨン》と性のテクスト化[★19]」があったのだろうと。こうして、すべてが可能となるように思われる。女性的なものについて、女性たちについて、性とセクシュアリティについて、さらにはフェミニズムについてさえ語ることが。哲学の語彙のいつもの抽象性から遠く離れ、男根、処女膜、膣、包皮等々を用いて。

フェミニズムを前にして、（キルケゴールのような）絶望や（ショーペンハウアーのような）攻撃性の発作はないが、それについて、「根本的なこと」について一言言おうとする試みは存在する。ニーチェとともに。「フェミニズムとは、女性が男性に、独断的な哲学者に似ようと欲する作業であり、女性は真理を、科学を、客観性を、すなわち、男性的幻想全体とともに、それと切り離せない去勢の効果を要求しているのである。[★20]」男性がもはや自分自身に似たくないと望んでいる時になって、女性は男性に似たがるらしい。女性は時宜に適わず、男性はフェミニズム批判と哲学批判を結びつける。20世紀は、19世紀における政治と形而上学の出会いと同じ路線上にある。

リオタールにおいては、抗争《ディフェラン》の思考は差異《ディフェランス》の思考ではない。そこから性的差異の地位を決定するにあたっての困惑、その存在論的地位を規定することへの躊躇が生じる。「決定不能[★21]」とラダ・イヴェコヴィッチは語る。「メタ言語における女性性《フェミニテ》[★22]」（英語では「女性の戦略に賭けられているもののひとつ」）というテクストの中に見られる躊躇。イタリア語のタイトルもまたフェミニズムに言及している。フランスでフェミニズムがもっとも流行していなかったことが、おそらくフランス語のタイトルの「シックな」変更と政治的言及の放棄の説明となるのだろう。私は揚げ足を取ろうとしているのではない。躊躇をさらに際立たせようとしているのである。作者は読者に合わせているのである。このタイトルはあの奇妙な円環を指し示している。その円環の中で、イタリアとアメリカのフェミニストたちはフランス思想（男性のものも、女性のものも）を摂取するのだが、このフランス思想自体は政治的フェミニズムと一線を画すよう非常に気を使っているのである。このような円環を守ったことでリオタールを非難するのはよそう。こうして彼はそれを認めているのだから。

上記の論文における本題への導入と締めくくりは作者の明敏さを際立たせる。「ここでは、ひとりの哲学者が男性と女性の関係という問題を語る。彼は、この問題の設定そのものに男性的なものがあるということから免れようと努める。しかしながら、彼の逃走および彼がなんとか切り抜けようと策を労するやり方はおそらく男性的なままだ」（P. 214）。この明敏さは彼の誉れとなるが、策略はまさにそこにある。「必要なのは哲学することを止めることだろう」。というのも男性的哲学が男性的なもの／女性的なものの対立を構築したのだから。このような限界への到達という脅迫にもかかわらず、女性読者は彼が哲学し続けることを望み、哲学者はそうする。テクストの終わりもまた安堵を与えてくれるものでは

★19 Sarah Kofman, «Ca cloche» in *Les fins de l'homme*, Paris, Galilée, 1981, p.107.

★20 Jacques Derrida, *Éperons*, Paris, Flammarion, «Champs», p.50〈邦訳、J・デリダ『尖筆とエクリチュール』、既出、八六頁〉

★21 Rada Ivekovic, «Masculinité dans la métalangue, à propos de Jean-François Lyotard», 1991, inédit.

ない。というのも、象徴体系批判は袋小路へと達するからだ。「ある国連決議がいつの日か理論的言説に与えられた優位を男性による性差別として告発するだろう、それは大スキャンダルとなるだろう、我々みんなにとって……。」哲学するのを止めること、これが、ほとんど戯画的なところのないテクスト、性の問題を考察することの困難さを、思考には性的中立性が存在しないと示すことの困難さをとてもよく承知しているテクストの地平なのである。

明敏さという考えはニーチェの読解に由来している。というのも、彼は常に男女についての知と戯れ、それと同じくらい女性の解放という考えと戯れるからだ。たしかに、女性に関する彼の語りの多様性、また女性に関する彼の相反するもしくは矛盾する立場のとり方の多様性は読者を突き放す効果を生み出す。しかし、彼の明敏さは、人類の歴史に照らし合わせた歴史的現状に対して発揮されるのである。権利の平等は幻想である。というのも、両性間の紛争は決して終わらないだろうから。というのも、「両性の法則」は女性に「苛酷」だから。[23] したがって、彼は、女性史について、女性の本質についてではなく女性の歴史性について語り、解放によって女性たちが失うものと得るものを検討する（フーリエを除けば）ほとんど唯一の哲学者でもある。「現在のところ」、「しばらくの間」、「それまでは」というのがお決まりの予防線である。ニーチェは性の差異の歴史性を自覚しているが、男性哲学者としての自分の権利を確信してもいるのである。「おそらく、〝女というもの〟についていくつかの真理を述べることはお許しいただけるだろう。いまとなってはそれらが〝私の〟真理でしかないことは周知のことなのだから。」彼が彼の真理を語り、女性は黙れというわけだ。「女たちが〝女〟についてて書くすべてのことを検討すると、いかほどかの不信の念とともに、女たちが自分自身に関し啓蒙されることを〝望んで〟いるのかどうか、女たちがそれを望むことが〝可能〟なのかどうか自問してみてもいいと思われる……そして私は、今日、真のフェミニストなら女たちに〝mulier taceat de muliere〈女は女のことについて黙っていろ〉〟と語るだろうと思う。[★24]」過ちは、女性が自分で自分を説明することだ、とこの哲学者は言うのである。

★22 *Rudiments païens*, Paris, 10/18, 1977に所収。
★23 *Le gai savoir*, §68〈邦訳、『悦ばしき知識』、既出、一四〇頁〉
★24 *Par-delà bien et mal*, §231 et 232〈邦訳、ニーチェ、「善悪の彼岸」、既出、二四七-九頁〉

他者性

自分で自分を説明すること。数世紀以来多くの女性たちがそれを自分に許してきたことにはすでに幾度か言及した。自分で自分を説明することは、単に特権的な対話者、例外的な文通相手になることではない。哲学すること、思考することを自分に許す女性が自分で自分を説明するわけでもない。このような女性は当然のこととして、女性という自分の状況から逃れることの方を好むのである。しかしながら、思考への到達の歴史――これは思考の歴史でもある――に最後の光を当ててみることはできる。たとえば、女性は対話を、実際の対話を、一人の男性に対する一人の女性の返答を確立することを選択する。アダム・スミスを翻訳し、かつ「親和力についての手紙」[★1]で彼に答えようともしたコンドルセ侯爵夫人ソフィー・ド・グルシーや、ダーウィンを翻訳し、かつ理路整然とした序を付したクレマンス・ロワイエのように。これらの二人の女性は翻訳し、それから思考の領域に入り込むのである。

女性たちはフィヒテやキルケゴールの禁止を破るのみならず、語り、書く。女性が自分で自分を説明し、性的に差異化された《セクシュエ》自己同一性を知っているということさえ起きる。『ダランベールの夢』の中で、「事情を完全に知りながら」対話するジュリー・ド・レスピナスのように。[★2]性的に差異化された《セクシュエ》存在が語る。もしくは逆の言い方をすれば、語る者は性的に差異化された《セクシュエ》存在であり、ディドロが言ったように、性器が語るのである。ミシェル・フーコーが『知への意志』の中で示唆しているように、女性という性が語るのであり、中性が語るのではない。語る存在は、性的に差異化されて《セクシュエ》おり、プーラン・ド・ラ・バールがすでに考えたように男性的なものと女性的なものの間の判事か当事者、判事であって当事者なのである。語る存在は性別を持たぬ天使ではなく、シモーヌ・ド・ボーヴォワールが最初から宣言したように、どちらかの性に属する。私たちはこうして普遍的エロスを放棄する。

しかしながら、自分で自分を説明することは、思考する主体であることの正当性、また性的に差異化された《セクシュエ》存在を即自存在として認めることの正当性という問題を超える。自分で自分を説明することは、性的に差異化された《セクシュエ》自己同一性を超えていくのであり、女性という主体《シュジェ》および客体《オブジェ》の間でカードを完全に配り直す動きなのである。そこで、おそらくは、男性たちが女性たちとともに自分自身を説明しさえする。したがって、客体であると同時に主体である**他者**という問題から再出発しなければならない。

ふたつの哲学の伝統が性の差異についてひとつの表象を共有している。垂直の尺度で劣等と優等とを用いる伝統と、水平のものさしで同一者と他者とを用いる伝統とである。女性は劣等なものか他者、あ

★1 Sophie de Grouchy, *Lettres sur la sympathie*, présenté par Jean-Paul de Lagrave, Montréal, L'Étincelle éditeur, 1994.

★2 Cf. Bernard Sichère, «Le sujet philosophique, les femmes, la fiction», in *Filosofia, Donne, Filosofie*, a cura di Marisa Forcina, Angelo Prontera, Pia Italia Vergine, Lecce, Edizioni Milella, 1994, p.129-139. またこの本の最後にある Séverin Auffret, «"je" et la philosophie»も参照のこと。

るいはその両方である。大雑把に歴史を俯瞰すれば、前者の伝統がどちらかといえばプラトン的であり、後者のものがどちらかといえばアリストテレス的である。封建制のように階層化された社会には段階的な尺度のイメージの方がよく似合い、民主主義の表象には水平のものさしというイメージの方がより適合するのだから、一八〇〇年の断絶が、トマス・ラカーが分析しているように[★3]、他者性の方を特権化したことはほとんど驚くべきことでもない。しかしながら、私はトマス・ラカーとは見解を異にするのであり、むしろ私が指摘するのは、西欧の歴史の始まりからどれほど他者性がたやすく劣等性と結び合っているか、さまざまな自己同一性の水平性がより多いかより少ないかという価値の尺度とどれほど交差しているかなのである。他者性というモデルが現代により適合するとしても、だからといってそれは新しいわけではない。それはより自然に民主主義の社会に合致するということなのである。

女性の歴史の中で他者性のカテゴリーと劣等性のカテゴリーとが交じり合ったのは、単なる混同ではない。前述の時期以後、他者性のカテゴリーが優勢になるとしても、それは明瞭ではない。というのが、心ならずも現代の哲学者たちによって示されている教訓である。というのも、他者性は、抽象的カテゴリーであると同時に具体的現実だからだ。他者というものは他者たちでもある。しかし、ハイデッガー以後の哲学はこの二重の領域でいささか迷子になってしまった。問題を認識しなかったからではない。それどころかハイデッガー以後の哲学はまさに明敏なのだ。それはたえず自分がメタ言語から言語へ、想像的なものから現実的なものへ、双方向に移行していることを承知している。

しかしそれでは、他者の視点はどうなるのだろうか。女性たちの視点はどうなるのだろうか。もちろん、女性たちは合法的なものとなり、思考の行使の権利を獲得した。しかしながら、二〇世紀末は、民主主義の時代とともに獲得された解放以上のものを必要としている。今後は、思考の中で他者の認知に賭けられているものを測ることが問題となるのだ。幾人かの人々、むしろ幾人かの女性たちは、他者に他者を対立させるという誘惑に身を委ねる。つまり、もうひとつの哲学を提唱し、そこでは男根ロゴス《ファロゴサン》中心主義《トリスム》の告発が「女性中心主義《ジノサントリスム》」の主張に帰着するのである。選択肢は、認知されるやいなや中和される差異と、即座に要求される差異との間にあるということなのだろう。

他者性というものが問題とするのは別のことである。男性の位置に対して女性の位置を取るのでも、男性的なものに対して女性的なものを主張するのでもない。他者性はふたつの存在もしくはふたつの性質の間に裁断を下さない。そうではなく、それは性の差異の歴史を考慮に入れることなのである。そして差異《ディフェランス》ということは抗争《ディフェラン》ということだ。両性間の紛争の、抗争の思考なしに性の差異の思考はない。このことはさまざまなレベルで表現されうる。いくつかの例を挙げよう。

同一者に、男性的なものの同一者に従属させずに他者性を思考すること、これこそフランソワーズ・デュルーが、これまでことごとく簒奪にほかならなかった解釈から離れて、アンチゴネーに、固有の言説を返すことで行った試みである。アンチゴネーの葛藤の女性版の解釈で満足するためではなく、女性

★3 Thomas Laqueur, *La fabrique du sexe*, Paris, Gallimard, 1992〈邦訳、トマス・ラカー、『セックスの発明』、高井宏子、細谷等訳、工作舎、一九九八年〉

と法の関係を引き出すために。★4

二人の他者から、同じ思考の運動の中にあったサルトルとボーヴォワールから出発して他者性を思考すること。テクストを突き合わせるにはすばらしいケースであり、ミッシェル・ル・ドゥッフは、『第二の性』の作者と『存在と無』の作者においてどのように同じ問題が対立する結果へと導かれるか強調する。★5 彼女はサルトルの隠喩がどのように彼の他者一般についての、とりわけ女性についての思考全体の価値を低下させているか、またシモーヌ・ド・ボーヴォワールの論証が、女性抑圧のメカニズムを説明するために援用される哲学の諸原理の無力さをどのように暴き出すかを示す。哲学者である男性と女性の結合、共通ではあるのだが相反しもする思考の結合は、もちろん象徴的な場面である。他者性を思考することは対立を検討すること、しかしとりわけ双方の側を、一方と他方の側を検討することにあるだろう。

性的に差異化《セクシュエ》された自己同一性とともに他者性を思考すること、そしてセクシュアリティとともに他者性を思考すること。精神分析の作業はこのようでありうる。精神分析理論の歴史性――これは精神分析家たちの間でもっとも一般的な見解ではないが――を認識している精神分析家たちはフロイトとラカンの思考の「男根中心主義」をずらすことができる。モニック・シュナイダーは『削除された女性的なもの』以来、役割分担を再配置している。「精神分析の冒険のまさに基礎で行われている無視を、この冒険にその探求の領域を狭めることを余儀なくさせるこの無視を明らかにしようと試みることで、コンラッド・スタインはひとつの原初の女性像の力を無化しようとする作業を告発する。エディプスの旅路に関する注釈の中で、父の殺害の強調はエディプスの母‐妻であるイオカステに対してなされた致命的な動きを覆い隠すことを可能にしているのである。[★6]」悪魔払いと精神分析との連続性を主張することで、モニック・シュナイダーは概して構造人類学として見られている理論の歴史性を示し、とりわけそれが単なる視点の問題ではないこと、男性は女性的なものを横領しながら、認識主体としての自分の位置を再確認するのだということを説明する。逆向きに道を辿ることは、モニック・シュナイダーが「性的二元性」と呼ぶものについての知の可能性を男性と女性との間で再配分するのである。

ミッシェル・トールは、精神分析理論の歴史性は単に歴史の連続性においてのみならず、同時代性においても発揮されるのだと付け加えるだろう。同時代性というのは、社会的なものと政治的なものの文脈だが、それ自身が性的差異《ディフェランス》と性的抗争《ディフェラン》に貫かれている文脈である。精神分析を文脈の中に位置づける歴史的相対主義の問題ではまったくなく、分析という課題それ自身が問題なのである。「〝宗教〟、〝法〟等々を〝精神分析〟に突き合わせると、思弁的議論の中に入り込む。まったく別のやり方で問題をたてようと試みねばならないだろう。精神分析の知と実践の状況のある一定の時期にあって、どうやって宗教的、法的、生物学的言説および実践が表象している歴史的実証性の分析に着手できるのか。[★7]」

★4 Françoise Duroux, *Antigone encore —les femmes et la loi*, Paris, Côté femmes, 1993.
★5 Michèle Le Doeuff, *L'étude et le rouet*, Paris, Le Seuil, 1989.
★6 Monique Schneider, *Le féminin expurgé, de l'exorcisme à la psychanalyse*, Paris, Retz, 1979, p.10.
★7 Michel Tort, *Le désir froid, procréation artificielle et crise des repères symboliques*, Paris, La Découverte, 1992, p.11.

実際に、ミッシェル・トールは両性の関係において変化の只中にある布置について、すなわち親子関係、出産、性的同一性について精神分析的考察を実践する。男女間の「関係」のこのような空間では、分析理論の三つの指標が考え直されるに値する。セクシュアリティと生殖の分離、男根の優位と父親像、象徴秩序のいわゆる中性性である。「性関係の歴史的形態」についての分析実践と分析的考察を突き合わせると、「無意識の諸構成の決定的側面」(P. 20)としての「性の」抗争《ディフェラン》という仮説が導き出される。精神分析の歴史性と性の抗争《ディフェラン》として定義された性の差異という仮説は、「性の差異」という哲学的対象についての考察が頼りとすべき重要なふたつの点である。

したがって、他者性を思考することは抗争《ディフェラン》を、関係を、紛争を思考することである。当然それは、文化的、人類学的もしくは精神分析的不変要素を用いたり、両性の自然の補完性に対する好感を用いたり、女性的悪の永続性についての良識を用いたりして、性の差異を思考するより困難だ。性の差異の歴史性は必然的に政治的なのである。

主体と客体

政治性は、紛争、抗争《ディフェラン》が両性の平等というものさしで測られることを意味する。このことは近代においては真実である。しかし、展望は広げられる必要がある。紛争という考えにおいて、私たちは、その差異《ディフェランス》により抗争《ディフェラン》が起きているふたつの主体、ふたつの自己同一性とかかわり合っている。クロード・ハビブが示しているように主体が多種多様でありうること[★8]はなにも物事を変化させはしない。同一者と他者の弁証法を超えて、他者性は還元不可能なカテゴリーとして与えられるのである。最後に、他者性のこの還元不可能性が未来にも保たれるような形で、同一者と他者のカテゴリーに立ち戻らなければならない。

性の差異の歴史性において、政治的なものの重要性は二重の形で示されている。性の平等という考えの台頭によって、またより広くは、両性間の関係に内在的な紛争である抗争《ディフェラン》の認知によって。さて、政治的なもののこの重要性は、「性の差異」という哲学的対象について理論的考察を重ねた結果生じたのであり、歴史性という仮定に結びつく。しかし、ここで明確にしておかねばならないが、政治的なものは考察のア・プリオリ、前提ではない。逆に、それは思考の歩みによって生み出されるしかありえないのであり、帰納されるのであって、予め定められているのではない。

男性読者、女性読者の方々はおそらくこのことがなにを含意するかお分かりだろう。フェミニズム学といったものも、フェミニズム哲学といったものも存在しない。ある特定の主体がフェミニストではありうるが、ある研究がそうではありえない（フェミニズムの歴史や思想それ自体に関するもの以外には）。とはいえ、このような認識論的な注意喚起は混乱を避けるために重要なものではあるが、十分なものではない。これはそれ自身ひとつの命令にしかならないだろう。これについて明白にするため、現

★8 Claude Habib, *Pensées sur la prostitution*, Paris, Belin, 1994.

代のフェミニズム的考察に関する短い解説が必要となる。

平等《エガリテ》と差異とを対立させ、対にすること、平等と性の差異との困難な連結を考察することが慣習となっている。しかし、単に哲学的教育を受けただけでこの対立は厄介なものとなる。実際、古典的な対は同一性《イダンテイテ》と差異との対なのである。人は同一であるか異なっているかなのであり、人は平等であるか異なっているかなのではない。そこで、政治的カテゴリーである平等と存在論的カテゴリーである差異との出会いを説明しなければならない。この出会いは、実際には、差異が常に不平等の源であるという仮定において、平等という言葉を同一性という言葉に置き代えることに由来する。ヘーゲルはすでに平等（および不平等）を第三項、「比較項」とすることで、自分なりにこの困難さを強調していた。★9

　政治的問題の症候である平等と差異との対立の背後にまわって、同一性-差異という対に立ち戻らねばならない。フェミニズム自体がこのことにこだわりつづけている。というのも、フェミニズムは絶えず、数多くの著作の中で、同一性か差異か、両性の類似が優位にあるヴィジョンか、相違が支配的なヴィジョンかのどちらかを選択する必要を語り続けているからである。この選択の必要性は政治的義務というよりは理論的、哲学的必要性として表明されている。同一性が差異に勝るのか、またその逆なのかを知ることが急務であると。このような見かけ上の二者択一を前にした驚きはアポリアの認知として読み取ることができる。実際は、同一性-差異の対立とはひとつの連言なのだ。両性は似ておりかつ異なる。しかし、アポリアというものはむやみに実際的な調停でもないし、無関心の兆候である袋小路の認知でもない。アポリアは妥協ではなく、むしろ探求への入り口なのである。アポリアは計画作成的である。それは私たちをイデオロギーの拘束から解き放つとともに、歴史を持ち、歴史性に従属し、作動状態にある性の差異を示してくれる。

科学や哲学を作り出すのは政治的なものではない。だからこそ、結局のところ、ア・プリオリなイデオロギー的立場より発見的態度のほうがより政治的なものを生む余地がある。

平等-差異の対は第一に政治的なつながりであり、同一性-差異の対は第一に哲学的、さらには存在論的指標だが、双方とも**同一者**と**他者**の歴史へと人を差し向ける。これはアポリアを語る、アポリアを表明するもうひとつのやり方である。他者性の思考は同一《イダンティック》のものと異なるもの《ディフェラン》とを結びつける可能性ではないだろうか。他者性は差異の思考を前提とはしない。他者とは異なることを意味するわけではない。他者性を思考することは第一に諸々の主体の位置を認識することにあり、また性の差異が、性的に差異化《セクシュエ》された自己同一性に印づけられた諸主体を潜在的に生み出すと強調することにある。潜在的にというのは、まさに、性の差異が、思考という作業を遂行中の主体の位置において、役割を演じるか演じないか決着をつける必要はないからだ。

したがって主体というのは、両性間の関係において本質的な問題である。ここでは、くりかえし哲学者である女性主体、思考におけるエロス（エロスの性的差異化《セクシュアション》!）の重要性、哲学における客体-女性

★9 Hegel, *Encyclopédie des sciences philosophiques en abrégé*, §115-118〈邦訳、ヘーゲル、『エンチュクロペディー』（新装版）、樫山欽四郎他訳、河出書房新社、一九六七年、一二八-一三一頁〉

の位置、性の差異という問題をしばしば覆い隠すこの客体‐女性の無秩序な波及効果に言及し、議論してきた。そして両性の哲学的あり方に関して貨幣の隠喩を用いることは、主体と客体の間で女性が、ころならずも一方の位置から他方へと横滑りすることによって、自分自身を見失う、女性が見失われてしまうのだということを意味している。**同一者**と**他者**の間で、他者性という言葉は同一性と差異のアポリアをその状態のままに残しながらも、主体と客体との区別において前に進むことを可能にする。アポリアと他者性とは、哲学素の思考において前に進むためにはあまり刺激にならない二項対立、対立する対などからは遠く離れた、肯定的であると同時に計画作成的な開かれた概念である。

今、指摘した主体と客体との間の揺らぎは、実際、もうひとつの道を開く。というのも、これらの項が女性について語る際に対立するとしても、これらふたつの項の間の二者択一がもはや女性の図式とはならないからだ。主体と客体は向き合っているのではなく、思考の空間においても、人生そのものにおいても、絶え間ない循環の状態にある。主体‐女性と客体‐女性との間に絶え間ない横滑りがあることは、また貨幣の機能そのものへと人を差し向けもする。性の差異を思考することは性の差異の道具化を考察することを含んでいるが、そこには、あるダイナミクスが、思考に思考自身を思考することを可能にさせるあるダイナミクスがあると認識しながらそうするのである。

もうひとつの図式が、性の二項対立もしくは二元論の単なる戯れが変化する可能性を例証するだろう。個別的なものと一般的なものの関係性という図式である。実際、ここには、哲学的思考の、さらには思考一般の倒錯のひとつが見出される。双方の側を尊重せずに、差異の二なるものを一**なるもの**に包摂するという倒錯である。これは、民主主義的近代の倒錯の働きであり、そこでは普遍的なものとは常に他の諸カテゴリーに対するひとつのカテゴリーの特権なのだと人は言うだろう。確かにそうではあるが、両性に関しては、**性**というのが両性のうちのひとつしか指し示さない言葉でもあった以上、歴史はより古い。したがって、双方向に換喩的な働きがあるのであり、一般的な言葉である**性**は性の半分である女性しか指し示さないということが起こりうるし、**普遍的なもの**《ユニヴェルセル》は、たとえば普通選挙《シュフラジュ・ユニヴェルセル》は、男性のものでしかないということも起こりうるのである。主体と客体という図式に全体と部分という図式が加わる。全体は部分でしかなく、部分が全体を指し示すということが起こりうるのである……。

　ここから、哲学素を構築するのが、単に同一者と他者、劣等と優等、平等と不平等という二項の対立として把握される差異のみならず、主体と客体、全体と部分という、常にある運動において、動的な関係の中で位置が構成される二なるものでもあることが分かる。

　これらの運動は、注がれる視線に応じて思考の中で作用する緊張を浮き彫りにするという最終的な展望をもって、私たちを性的関係の歴史性へと引き戻す。性の差異は、ある一定の時期の哲学的争点に関し、対照的な、さらには矛盾しさえする光を投げかけるかもしれない。近代におけるふたつの例、一八世紀の唯物論と二〇世紀の主体批判を挙げてみよう。これらは、性の差異に照らし合わせて哲学史に立ち戻るという同一のアプローチの中で結びつくふたつの例である。前者の例は、一八世紀の唯物論の反体制的側面を見るという私たちの傾向にもかかわらず、この唯物論が身体への精神の従属によって、男女の理性の平等には非好意的であることを確認することとなる。逆に、観念論は思考を身体から引き離すことで、両性間の精神の同一性をより是認しうるものとする。唯物論は、語る性に応じて反体制的であったり保守的であったりしうるのである。後者の例はより私たちと同時代的である。人間《オ》-男性《ム》批判、西欧の、哲学する主体の脱構築は、逆説的にも、主体という位置への女性の漸進的到達に関するあらゆる考察と逆向きである。「人間《オ》-男性《ム》の死」は、一方では女性を歴史の当事者として同定する試みと、他方では女性的なものの「本質」の探求と同時に起こったのである。

手短に取り上げたこれらの例の内容よりは、これらの例が引き起こす問いかけのほうが重要である。性の差異が逆説を導入すること、またこの逆説がなんらかの意味を持つことを率直に受け入れることが第一歩となろう。流れに逆らって、もしくは折悪しく。性の差異が哲学の視線に介入すると私たちのヴィジョンが変わることを認めるよう私たちはうながされているのである。最後のこの指摘の中には、どんなユートピアもない。ただ共通の考察の領域を広げるひとつの確認があるだけである。

結論

この本を終えるにあたり、私は、欠けているすべてのこと、不足しているすべてのことを理解している。プラトンから今日まで哲学史を大股で駆け巡ることは不遜でないわけではない。もしくはそれはある種の無分別を示している。各章が一冊の本の対象となりえただろうし、私は遺憾に思いながら参照文献が早いリズムで並んでいくにまかせた。

しかし「性の差異」という哲学素の周囲を巡るという企図によって、この哲学素の不在を確認したのは、その構築を検討することが可能であると読者をよりよく説得するためになのであり、この企図は第一に哲学的提唱を言い表そうとしたのである。

その提唱とは性の差異の歴史性というものである。歴史性というこの要請はてがかりになるものであり、以下にまとめるいくつかの考察から引き出されたものである。

——哲学素の不在は性の差異の根本的経験性に拠る。性の差異はそれを出発点として人類が自己を思考するひとつの事実である。

――哲学の伝統における性の差異の不安定な地位。貨幣、交換の場、性がそれ自身のためと同時に他のもののためにも存在する言説空間。

――まさに概念の不在を出発点とする、またその歴史性という認識を出発点とする性の差異の思想というアイディア。歴史性の考察の領域は、断絶、時宜の悪さ、回避等とともにこれから構築されるべきものである。

――差異の二なるものもしくは二元性が、アポリア、他者性といった発見的概念によって照らし出されるような哲学的作業へと開かれており、またひとつには存在と性質の混同、もうひとつには主体と客体の混同が止むような哲学的作業へと開かれていること。

――第二段階として、また逆向きに、性の差異の仮想的無時間性、関係の構造、自己同一性の不変要素の検討。

そして最後に、ひとつ最終的な指摘をしておこう。「性の差異」という対象を構築することは伝統の読解と伝統の諸概念の審査を通してしか可能ではないだろう。この作業がその必要性を証明したと期待する。過去に背を向けて新しいものを創造しようという最近のいくつかの仕事を推進した野心はたしかに誘惑的である。しかし、哲学史の検討が同様に刺激的でないと決まっているわけではないのだ。

訳者あとがき

本書は Geneviève Fraisse, *La différence des sexes*, Presses Universitaires de France, 1996 の全訳である。ジュヌヴィエーヴ・フレスが単独で著した本としては初めての邦訳となる。以下、1．本書『性の差異』について、2．著者とその著作について、簡単に解説しよう。

1．『性の差異』について

哲学における性の差異を研究し始めた動機について、フレスは、文庫版の論文集『女たちとその歴史』の冒頭でこう書いている。

> とある文章の単なる一部、「譫妄性患者、お喋り女、子供」が私の研究の発端だった。それはスピノザの文章の一部で、狂人と女性と子供はこの哲学者にとって同じカテゴリーをなし、理性的な人間-男性《オム》にとっての非理性的な存在なのだった。しかし、女子学生であった私、スピノザの女性読者であった私にとっては、事はもっと複雑だった。実際、一九七〇年代の思想に大いに愛されたこの作者の言説の中の、このような位置にいることは不可能だった。しかし同時に、中性的主体の読者であることもまた不可能だった。というのもこの中性とは男性であると想定されていたのだから。主体と客体の間で、この不調和は、若い女にとって

は思考不可能なもののようだった。 Genivière Fraisse, *Les femmes et leur histoire*, Gallimard, «folio», 1998, p. 7.

「私」が今読んでいる本の作者は、「私」を読者として想定していない。そうではなく、女性として、「私」は非理性的存在の側に位置づけられる。しかし、それでは、ごく理性的にこの本を読んでいる「私」、哲学を学ぶ女性である「私」はいったい誰だというのか。

フレスのこの言葉には、シモーヌ・ド・ボーヴォワールの『第二の性』の序文の一節のこだまが聞こえる。

> 抽象的な議論をしていて、男性に「あなたは女だからそんなことを考えるんだ」と言われていらいらさせられたことが何度かあった。しかし私は、「それが真理だからそう考えるのよ」と答えるのが唯一の防護策だとわかっていた。 Simone de Beauvoir, *Le Deuxième sexe*, Gallimard, 1949, p. 14〈邦訳、既出、10頁〉

女性は、その肉体が女性であることによって、人間《オ》-男性《ム》の真理から、普遍性から、理性から遠ざけられる。しかし、同時に人間として真理や普遍性や理性を男性と共有しもする。とりわけフランス語では男性と人間は同じ単語で表されるという言葉の問題がある。そしてこのような言葉の存在はもちろん男女にそれぞれの位置を割り振ってきた哲学の伝統と切り離せない。

さて、『第二の性』から半世紀後、真理から遠ざけられたフレスは「それが真理だから」とは反論しない。そうではなくて逆に、女性を非理性の側に位置づけながら「真理」を作り上げてきた西欧哲学の歴史とはいったいどうなっているのかと「真理」の方へ問いを返すのである。ここには、『第二の性』以来、『第二の性』を礎として確実に進められてきた半世紀にわたる女性たちの思考の足跡がある。

もっとも、このような問いを発した女性はフレスが最初ではない。本書の中でもサラ・コフマンとリュス・イリガライの名が挙げられている。では、本書の独自性はどこにあるのか。

本書は、哲学における性の差異をめぐって、プラトンから現代まで二千五百年の西欧哲学史を、著者が語るように、「大股で駆け巡る」。しかし、単に西欧哲学史における女性のイメージの変遷を追うのでも、女性に関する哲学者たちの愚言録——もっとも愚言録としても楽しめることは確実である——を作成するのでもない。そうではなくて、というよりもそれに加えて、性の差異、いまだ哲学の領域では正面切った思考の対象としての地位を持たないこの可能性としての哲学素を、哲学の対象として認知することを提唱し、そうするための諸条件を素描する。つまり、おおざっぱに言えば、無秩序な形で哲学の言説の中にばらまかれている性の差異の現れ方を検討することから、性の差異は思考の起源となる根源的な差異であるために思考対象とされないという仮説と、性の差異は思考の交換手段として用いられているという仮説を導き出し、次いで、無秩序な現れ方が組み込まれている布置の歴史的変遷を素描することから、普遍ではなく歴史性を持つものとしての性の差異という哲学素の構築を図る。そして最後に、性の差異という思考対象を導入することによる哲学史の読み直しの可能性を示唆する。

このような試みの中で、本書の特徴をなしていると思われるのが、まずタイトルとなった「性の差異」という言葉の選択であり、その哲学素としての構築という発想であり、その「歴史性」という仮定である。これらについて、背景に触れながら少し解説したい。なぜ「性的差異」ではなく「性の差異」なのか。なぜ脱構築ではなく構築なのか。何をもって「性の差異」の「歴史性」を語ることが可能なのか。

まず、「性の差異」について。

「性的差異《ディフェランス・セクシュエル》」ではなく「性の差異《ディフェランス・デ・セックス》」という言葉を用いることは、「本質主義者」と呼ばれる女性思想家たちから距離を取ることを意味する。付け加えると、フレスは「ジェンダー」という用語は選ばない。それについては本書で説明されている。

さて、これについては、七〇年代の女性解放運動《ムーヴマン・ド・リベラシオン・デ・ファム》（以下、MLFと略す）から生じた「女性的なもの」をめぐる論争が背景にある。七〇年代のフランスでは、MLFの思想的な深化にともなう諸傾向の明確化が進むなかで、本書でフレスが触れているように、「同一性か差異か、両性の類似が優位にあるヴィジョンか、相違が支配的なヴィジョンかのどちらかを選択する必要」が語られ、いわゆる「女性的エクリチュール論争」が起きた。そして両性の同一性と社会的平等を前面に押し出す側と、差異と異なる価値を前面に押し出す側との間でMLFが分裂した。そのようななかで、「性的差異」という言葉は、後者の側、いわゆる「本質主義」と結びつく。それは、本書でフレスがエレーヌ・シクスーとリュス・イリガライの名前を挙げながら語っているように、「差異の存在論的あるいは心理的肯定」、つまり肉体的特徴に結びつけられたものであれ、心理的な特徴として語られるものであれ、「性的差異」の肯定であり、「女性的なものの哲学の出発点」となった。[1]

本書は二者択一の袋小路から抜け出そうとするMLF分裂後の努力のうちにあり、「両性は似ておりかつ異なる」という立場から、また「現実の女性たちは女性的なものの性質とそもそも関係があるわけではない」という立場から性の差異を思考しようとする。「性の差異」という言葉の選択はそのような文脈に位置づけられるのである。

本書では、「女性的なもの」ではなく、むしろ思考する主体としての女性の方に光が当てられる。男性は「はじめから思考の実践に専念するための位置」にいるが、女性はそうではない。そのため、たとえばボーヴォワールにおいて、「私は女性である」ということは、「女性的」な主体の問題としてではなく、主体-女性の問題として、つまり「心理学や存在論の問題」ではなく、「認識の条件の問題」として現れるのだとフレスは語るのである。ましてや、女性思想家たちにおける「女性的なものとの戯れ、性の差異と交差する彼女たちの知の実践の問題そのものはいまだほとんど検討されていない地平として残されている」と指摘される。たとえば、男性哲学者にとっては安全な隠喩にすぎない妊娠と出産は、過去の女性哲学者たちにとっては、現実として、「実に具体的な罠、知的作業に対する物質的障害」として現れえたため、男性と同じようには使用できなかった。

さて、「性的差異」ではなくて「性の差異」という言葉を選択することは、いわゆる「本質主義」の女性思想家たちから距離を取るのみならず、「女性的なもの」という言葉を用いて語る現代の男性思想家たちからも距離を取る姿勢を示している。現代の男性思想家たちの著作の中で「女性的なもの」が用いられる形は、それが組み入れられている諸思想の多様さに応じて多様だが、どの場合も概して、「女性的なもの」は生身の男女の肉体的差異とは切り離されており、議論の中で、現実の世界における両性の社会的不平等という問題が考慮されることはあまりない。ジャン・ボードリヤールとジャン=フランソワ・リオタールの著作に言及しながら、フレスは「まるで両性間の非対称の諸問題（支配、不平等）は解決済み、さらには存在しないかのように手続きが進められて

★1　「女性的エクリチュール論争」については、以下の文献を参照のこと。マルセル・マリーニ、「文化の生産における女性の位置」、『女の歴史V　二十世紀1』、四七七―五一五頁、藤原書店、一九九八年、拙著、「〝女性的エクリチュール〟論争について」、「人文研紀要」第17号、三三一―五九頁、中央大学人文科学研究所、一九九三年。また、この論争も含め、より全体的に現代フランスの女性たちの思想を俯瞰するためには、棚沢直子編、『女たちのフランス思想』、勁草書房、一九九八年がある。

いる」と指摘する。

現実の男女の社会的不平等が考慮に入れられないだけではない。性的差異が生身の男女の肉体的差異と切り離されている以上、「女性的なもの」は、哲学の空間に、女性が主体としては不在なまま、女性ぬきで、男性によって引き受けられる。フレスが、そのような男性哲学者を、フランスワーズ・コランの命名を受けて、「女装の哲学者」と名指す所以である。

「性の差異」という言葉は、男性による「女性的なもの」の利用と、女性による「女性的なもの」の引き受けとのどちらからも距離を取る意志を示している。「選択肢は、認知されるやいなや中和される差異と、即座に要求される差異の間にあるということなのだろう」と彼女は語るのである。そして、本書は、「女性的なもの」／「男性的なもの」を生身の男女に不用意に結びつけることなく、現実に存在してきた、また今も存在する両性間の不平等な関係を視野の外に置くことなく、「性の差異」を思考する道を探るのである。

そうするために、提唱されるのが、「性の差異」の哲学素としての構築である。

ふつう、「女性的なもの」という要素を用いて語る現代の男性哲学者たちはこのような提唱はしない。「性の差異」を哲学素として構築するという企図はある意味ではぎょっとするような正攻法であるように思われる。「女性的なもの」と「構築」はしっくりこない。それどころか、「女性的なもの」は、いわゆる「本質主義」の女性たちによる「女性的なもの」の構築以外では、概して「男性的」に構築された、真理を語る言説を脱構築するために用いられるのである。なぜ、このような流れに逆らって、「性の差異」を哲学素として構築する必要があるのか。もちろん、上記のような男性思想家による「女性的なもの」の利用も含めて、哲学の伝統の中での「性の差異」のあり方を見えるようにするためである。

そもそも、「女性的なもの」が西欧哲学の中で用いられるのはなにも現代が初めてではない。フレスはジャック・デリダに言及しながら、古代ギリシャにおける西欧哲学の始まりから現代の形而上学批判までをまとめて、「形而上学はそれが始まった場所、男性的なものによる女性的なものの横領の中で、男性哲学者による女性的なものの悪魔払いの中で終わりを迎えるのだろう」と語っている。

実際のところ、形而上学批判に使われるのだろうが、形而上学を構築するために使われるのだろうが、「女性的なもの」という性質のみならず、女性という存在も、西欧哲学の始まり以来、哲学の言説に不在ではない。女性は男性哲学者の知識を受け取る受取人として、また想像上の対話者として哲学の背景に存在し、男性哲学者たちは女性の社会的地位を自分たちの言説の中で決定する。そして、「女性的なもの」は妊娠や霊感等の比喩として、つまり女性の特質として語られるものを通じて哲学の言説のあちこちに現れる。「性の差異」はしばしば深遠な哲学体系とは無縁の脱線として片付けられる哲学者たちの女性に関する侮蔑的発言から真理の隠喩に至るまで、さまざまなレベルで無秩序に哲学の中に昔から存在し、「思考の中で作用している」のである。ただし、それにもかかわらず、「性の差異」は「ただの一度も哲学の正式な対象」とはならなかった。

フレスは、哲学の言説の中にちりばめられている「性の差異」のこのようなあり方を貨幣にたとえている。それは、それ自身が思考の対象とはならないまま、まさにならないことによって、なにか他の目的に役立つ論証に用いられる。それは、「論証の道具、現実的なもののごまかしの空間、問題のすり替えの場、等々、」である。「他のことに関して、もしくは他のことのためにというのが、哲学が行いうる性の差異の使用法なのだ。」こうして、「思考の交換手段としての性の差異という仮説」が提出されるのである。

したがって、問題なのは、「哲学の領域からの性の差異の締め出し、排除なのではなく、むしろ地位の不在、実際の存在を前にしての、きちんと認知された対象としての非存在」なのである。だからこそ、「性の差異」は、思考の対象として名指され、哲学の空間の中で思考対象としての場を与えられなければならない。そもそも、まさに哲学的対象という地位がなかったためにこそ、「性の差異」は哲学の中で、他のもののために役立てられていたのでもある。

しかしなぜ、「性の差異」は西欧哲学史のあちこちにばらまかれていながら、「ただの一度も哲学の正式な対象」とはならなかったのだろうか。フレスは、「性の差異は思考の根源にあるから、それはひとつの事実、経験性という地位から逃れられないように思われるひとつの所与だから」だと語る。しかも、単に経験性という地位から逃れられないだけではない。「性の差異は同一なものと異なるものとの間の戯れ、緊張、対峙を、またそこから思考が作り上げられていく場所を意味する」と彼女は位置づける。こうして、「思考可能性の隠された原則としての性の差異という仮説」が提出されるのである。

ここで、「性の差異」は「最初の差異、その上にあらゆる他の差異が作られ語られていく差異」として捉えられている。「性の差異」をすべての差異の根源と見なすこのような見解に関してはいわゆる「本質主義」の女性たちの思想との親近性を指摘することができるだろう。

さて、こうして、「性の差異」が思考の対象として焦点化されるのだが、この哲学素には、哲学素としては奇妙な位置づけがなされる。フレスは、性の差異の概念化は「新たな概念の案出によってではなく、歴史性を主張することによって」、「概念の特性は非歴史的であることなのに、歴史を頼むことによって」なされるのだと語るのである。しかし、「性の差異」の「歴史性」とは具体的になにを意味するのか。

「性の差異」の歴史性とは、もちろん歴史の変化とともに女性が男性になったり、男性が女性になったりすることを意味しているわけではない。それは「性的関係の本質的特徴としての歴史性、差異という事実の反自然的表象としての歴史性」である。つまり、「性の差異」は、「歴史の中での男女の地位や立場の変化に、性関係の変遷に（…）左右されていると考えていることを意味する」。

実際には、「性の差異」は、一般に哲学の言説の中では、歴史的に変化するものとは捉えられていない。それは、前述したように、思考されない経験性の中にとどめられている。しかし、フレスは逆に、無時間性というのがまさに「差異を思考しないために差し出される論拠」なのだと考えるのであり、「性の差異の仮想的無時間性」の方こそ検討されるべきであると問題を捉え直すのである。そして、「性の差異」の歴史性を示すため、本書は、「性の差異」が常に哲学の言説の中に無秩序な形で現れるのだとしても、無秩序が現れる全体の布置自体は歴史的に変化することを、哲学史を辿ることによって素描する。

たとえば、「性の差異」は、「両性の区分」が「宇宙論と存在論に属していた」古代と「人間が宇宙における自らの居場所を失い、自分自身の統一性を自力で回復する」古典主義の時代では、相変わらず無秩序だとしても同じ布置の中で無秩序なのではないし、無秩序な表れ方も異なる様相を呈する。また、古代哲学においては、女性の隷属は単純に自明なことだが、平等という概念が浮上する近代においてはことはより複雑になる。歴史性は、哲学自体の変化によって、また現実の社会の変化との関連で現れるのである。

そして、とりわけ後者の視点から哲学の言説が検討される。すなわち平等という考えと、歴史の行為者としての女性という表象の出現の後、一九世紀以降の哲学の言説の中にある「性の差異」が、男性の社会的支配および女性たちによる平等の要求という歴史的現実との関連で、両性間の「抗争」と関連するものとして検討されるのである。「政治問題が形而上学的な事柄と出会う」のであり、「またどちらに関しても女性史は無視しがたい役割を演じている」とフレスは語る。「女性的なもの」という要素を用いて語る現代の男性哲学者たちの言説もまたこのような文脈の中で検討される。たとえば、エマニュエル・レヴィナスにおいては、「女性主体をわきにのけることによって、女性的なものの重要性が確立され」、デリダは「フェミニズム批判と哲学批判を結びつける」。

こうして、「性の差異」という哲学素は、「歴史を持ち、歴史性に従属し、作動状態にある」ものとして、双方が歴史の主体である男女間の「抗争」との関連における哲学史の読解を通じて構築される。「語る者は性的に差異化された存在」であり、「性の差異が、思考という作業を遂行中の主体の位置において、役割を演じるか演じないか決着をつける必要はない」としても、「性の差異」は「性的に差異化された自己同一性に印づけられた諸主体を潜在的に生み出す」という立場から。

そして最後に、「ふたつの存在もしくはふたつの性質の間に裁断を下さない」ものとしての「他者性」という概念を導入することによって、また、このような「他者性」との関連で、全体と部分という二項の対立および「絶え間ない循環の状態にある」ものとしての「主体」と「客体」の関係性を導入することによって、新たな哲学史の読み直しの可能性が示唆される。「**同一者**と**他者**の間で、他者性という言葉は同一性と差異のアポリアをその状態のままにのこしながらも、主体と客体との区別において前に進むことを可能にする」とフレスは語るのである。

こうして、かつて学生であったフレスが、スピノザを読みながら「思考不可能なもの」と感じた、「主体と客体の間での不調和」が、性の差異という視点から哲学を読み直すための鍵となって帰ってくる。

本書は、ひとつの説を整然と論証する書物ではなく、哲学史を「大股で駆け巡」りながら、「性の差異」の思考可能性を探っていく。そのためしばしば十分な展開なしに、参照されたテクストもごく手短に解釈されるだけで、今後着手されるべきテーマが矢継ぎ早に並べられ、読者は話の道筋を追うのに苦労する、また欲求不満の中に取り残されることもある。さらには、本書の中で一瞥され、断片的に取り上げられる多くの思想に関するフレスの解釈には、さまざまな立場から異論が出されもしよう。しかし、そのかわり読者はいまだ十分に論じられていない多くの論点に気づく。

この後書きの最初の方で、本書は、いわゆる「本質主義」の女性たちと「女性的なもの」を用いて語る男性哲学者たちの著作から距離を取ろうとしていると書いたが、同時にこれらの著述から多大な寄与をも受けている。そのことは、思考における「性の差異」の位置づけや、「抗争」、「他者性」といった概念自体がよく示しているだろう。しかし、本書は、歴史という視点を、しかも両性間の関係の歴史という視点を導入することで、本書の中に引用されているコランの願望、「両性は存在論的には決定不能であること、社会組織においては両性が実際に二元化されていることを同時に思考すること」を試みる。フレスは、彼女の著作である『理性の女神』についてのある書評が書いているように、「哲学者にとってはおそらく通俗的すぎ、歴史家にとっては抽象的すぎる対象」[★2]を追求することによって哲学に新たな視点を持ち運ぼうとするのである。そして、たしかに、女性史と関連づけて哲学史を再検討することから「性の差異」を考えていくというこの作業は、著者の最後の言葉が語るように、「刺激的でないと決まっているわけではない」だろう。

★2　Elisabeth G. Sledziewski, «La différence des sexes», *La Quinzaine littéraire*, no. 529, 1er–15av. 1989, p.22.

2．ジュヌヴィエーヴ・フレスとその著作について

ジュヌヴィエーヴ・フレスは一九四八年生まれ。哲学者、歴史家。国立科学研究所の研究主任。一九七〇年代以来、女性解放運動に携わる。一九九七年一一月―一九九八年一一月、社会党のジョスパン内閣で、女性の権利省庁間連絡担当官を務め、一九九九年六月のヨーロッパ議会選挙では共産党のリストから出馬、現在ヨーロッパ議会議員。しかし、彼女は社会党員でも共産党員でもない（ヨーロッパ議会選挙で共産党は、男女半々、党員と非党員半々のリストを作成した）。研究活動と政治活動について彼女はあるインタビューで次のように語っている。

七〇年代の政治活動がなかったら、私は国立科学研究所でこれに関した主題を扱う研究主任にはならなかったと知っています。私は、政治の状況、女性に関する世論の状態、私的状況に応じて異なるやり方で、引きこもったり、表に出たり、絶え間なく行き来しながら、理論から実践へ、実践から理論へと移動したのです。

Regards, n.44, mars, 1999, p.46.

以下に、ジュヌヴィエーヴ・フレスの現在までの著作とその邦訳のリストを年代順に挙げる。

〈単著〉

Femmes toutes mains : essai sur le service domestique, Seuil（col.<Livre à elles>）, 1979.『何でも屋の女：家庭内奉公試論』

Clémence Royer, philosophe et femme de sciences（1830-1902）, La Découverte, 1985.『クレマンス・ロワイエ，哲学者にして女性科学者（一八三〇—一九〇二）』

Muse de la Raison : Démocratie et exclusion des femmes en France, Alinéa, 1989, Gallimard, 1995（Folio/histoire ; 68）.『理性の女神：フランスにおける民主主義と女性の排除』

La Raison des femmes, Plon, 1992.『女たちの理性』論文集。（大部分は *La Femme et leur histoire* に再録されている。）

La différence des sexes, 本書

La Femme et leur histoire, Gallimard, 1998（Folio/histoire ; 90）『女たちとその歴史』論文集。

〈共著〉

L'Histoire sans qualités, Gallilée, 1979.『それと認められない歴史』論文集。«Les Bavardes»,「お喋り女」の章を執筆pp.187-218, *La Femme et leur histoire* 所収).

La Presse d'éducation et d'enseignement XVIIIe siécle - 1940, répertoire analytique établi sous la direction de Pierre Caspard, INRP-CNRS, 1981-1991.

Stratégies des femmes, Tierce, 1984.『女たちの戦略』『教育に関する出版物十八世紀—一九四〇年』論文集。

«Droit naturel et question de l'origine dans la pensée féministe au XIXe siécle»,「19世紀フェミニズム思想における自然権と起源の問題」の章を執筆pp.375-390.

sous la direction de Michelle Perrot, *Une Histoire des femmes est - elle possible?,* Rivages, 1984. «Singularité féministe: Historigraphie critique de l'histoire du féminisme en France», pp.189 - 204「フェミニズムの特異性・フランスにおけるフェミニズムの歴史――その批判的検討――」の章を執筆。〈邦訳、杉村和子、志賀亮一監訳、『女性史は可能か』、藤原書店、一九九二年〉

Julien-Joseph Virey, naturaliste et anthropologue, J. Vrin, 1988 (sous la direction de Claude Benicou et Claude Blanckaert).『ジュリアン=ジョゼフ・ヴィレイ、博物学者にして人類学者』。«Le genre humain et la femme chez J.-J. Virey ou "Une certaine harmonie d'inégalités correspondantes"»「J・J・ヴィレイにおける人類と女性、もしくは〝相応する不平等のある種の調和〟」の章を執筆 pp.183-206.

L'Exercice du savoir et la différence des sexes, L'Harmattan, 1990.『知の実践と性の差異』。Monique David-Ménard, Geneviève Fraisse, Michel Tort, «L'exercice du savoir et la différence des sexes», モニック・ダヴィッド=メナール、ミッシェル・トールとともに序にあたる「知の実践と性の差異」pp.5-11, Genèviève Fraisse, «La différence des sexes, une différence historique», 単独で「性の差異、歴史的な差異」を執筆 pp.13-36)

Histoire des femmes en Occident t.IV, XIXe siécle, Plon, 1991(sous la direction de Geneviève Fraisse et Michelle Perrot).『女の歴史Ⅳ、19世紀』。監修者のひとり。また«Chapitre 3 De la destination au destin. Histoire philosophique de la différence des sexes», 第三章「使命から運命へ。性差の哲学史」を

執筆pp.57-85（*La Femme et leur histoire* 所収）、邦訳：杉村和子、志賀亮一監訳、『女の歴史Ⅳ、十九世紀』、1巻、2巻、藤原書店、一九九六年。

Jean Borreil: La Raison de l'autre (*journée du Collège international de philosophie, 11 juin 1993, Paris*), L'Harmattan, 1995 (organisée par Christine Glucksmann, Geneviève Fraisse et Jacques Rancière).『ジャン・ボレィユ：他者の理性（パリ、一九九三年六月十一日、国際哲学学院にて）』。《Le chant des sirènes》,「サイレンの歌」の章を執筆pp.161-171)

De la violence et des femmes, Albin Michel, 1997 (sous la direction de Cécile Dauphin et Arlette Farge).『暴力と女性について』。《Sous le regard mysogyne de Strindberg, la figure de Nora》「ストリンドベルイの女性嫌悪の眼差しのもとに、ノラという人物像」の章を執筆pp.187-200)

Roselyne Bachelot, Geneviève Fraisse, *Deux femmes au royaume des hommes*, Hachette, 1999.『男たちの王国にいる二人の女』（インタビュー）。

邦訳された講演記録：「歴史と理性のあいだの女」、松本伊瑳子訳、『思想』、一九九九年四月号、一八二－一九五頁（一九九八年一〇月二日、福岡国際女性センター・アミカス開館10周年記念として開かれた「ふくおか国際女性フォーラム'98」での基調講演に基づいた論考。*La Femme et leur histoire* に収められた、《Présentation》にほぼ相当する。）

本書の翻訳は多くの友人たちの助力によって可能になった。本書の翻訳を勧めてくださった鵜飼哲さん、フランス語の疑問に答えてくださったルイーズ・フォンテーヌさん、フレデリック・ディエトランさん、訳稿を読んでくださった武内旬子さん、渡辺みえこさん、そしてとりわけ貴重なアドバイスを惜しみなく与えてくださり、訳者の度重なる相談にていねいにつきあってくださった平松希伊子さん――誤訳が減り、また平易であるとはいえないフレスの文章がいくらかでも読みやすい日本語になったとしたら彼女のおかげであり、それでも間違いが残っているとしたら、それは訳者のせいである。読者の方々のご叱責をお待ちしたい――、そして最後に編集の労を取ってくださった太田昌国さんに心から感謝します。

二〇〇〇年八月

小野ゆり子

【訳者紹介】

小野ゆり子（おの ゆりこ）

1956年生まれ。文学博士。現在、中央大学他非常勤講師。
著書：『娘と女の間――コレットにおける母娘関係と男女関係の交差――』（中央大学出版部、1998）他。
訳書：リュース・イリガライ『ひとつではない女の性』（共訳、勁草書房、1987）。

性の差異

発行……二〇〇〇年十一月三〇日　初版第一刷一五〇〇部
定価……二三〇〇円＋税
著者……ジュヌヴィエーヴ・フレス
訳者……小野ゆり子
発行人……北川フラム
発行所……現代企画室
住所……101東京都千代田区猿楽町二―二―五―三〇二
電話――〇三―三二九三―九五三九
ファクス――〇三―三二九三―二七三五
E-mail：gendai@jca.apc.org
http：www.shohyo.co.jp/gendai/index.html
郵便振替――〇〇一二〇―一―一一六〇一七
印刷所……中央精版印刷株式会社
ISBN4-7738-0007-0　C0036　Y2300E